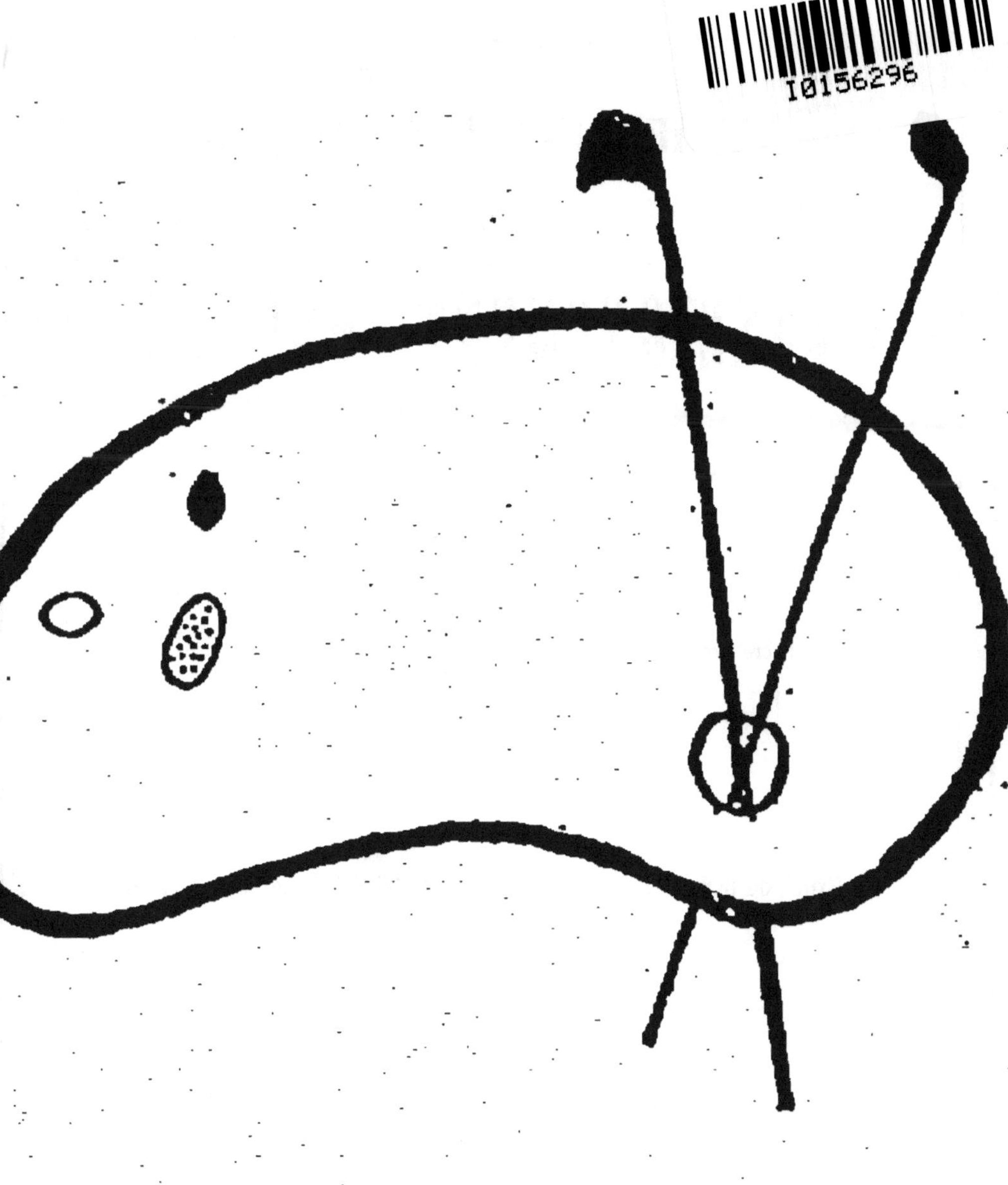

RECHERCHES HISTORIQUES

SUR

L'ENSEIGNEMENT PRIMAIRE

DANS LA BRIE

PAR

TH. LHUILLIER,

Secrétaire général de la Société d'Archéologie de Seine-et-Marne,
Officier de l'Instruction publique.

Extrait du Bulletin de la SOCIÉTÉ D'ARCHÉOLOGIE, Sciences, Lettres et Arts du département de Seine-et-Marne

MEAUX
IMPRIMERIE DESTOUCHES, RUE DE LA JUIVERIE, 1
IMPRIMEUR DU BULLETIN DE LA SOCIÉTÉ

1884

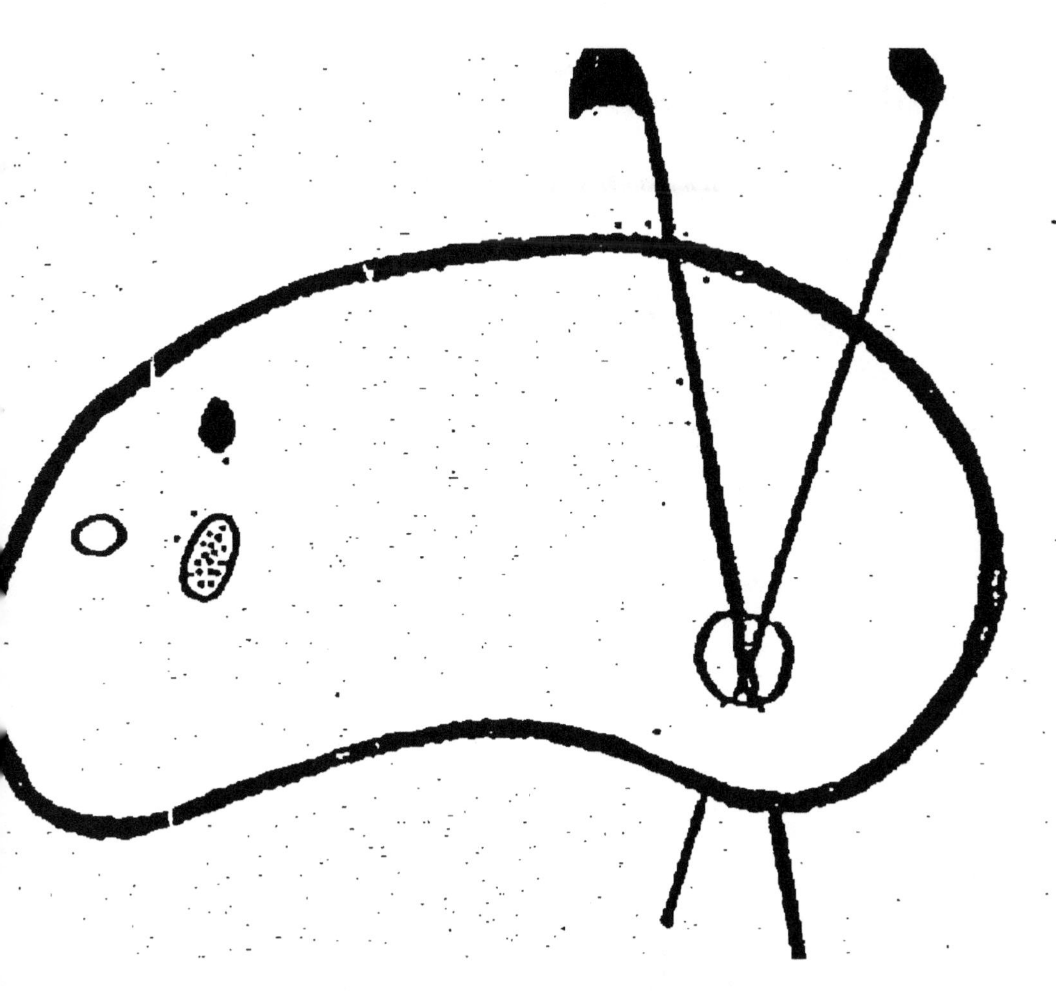

RECHERCHES HISTORIQUES

SUR

L'ENSEIGNEMENT PRIMAIRE

DANS LA BRIE

PAR

TH. LHUILLIER,

Secrétaire général de la Société d'Archéologie de Seine-et-Marne,
Officier de l'Instruction publique.

Extrait du Bulletin de la SOCIÉTÉ D'ARCHÉOLOGIE, Sciences, Lettres et Arts
du département de Seine-et-Marne

MEAUX
IMPRIMERIE DESTOUCHES, RUE DE LA JUIVERIE, 1
IMPRIMEUR DU BULLETIN DE LA SOCIÉTÉ

1884

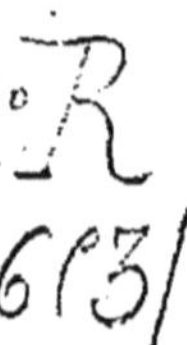

RECHERCHES HISTORIQUES

SUR

L'ENSEIGNEMENT PRIMAIRE

DANS LA BRIE

Après avoir recueilli une série assez importante de notes volantes sur les origines des écoles dans la portion des anciennes provinces de Brié et du Gâtinais qui forme maintenant le département de Seine-et-Marne, j'ai pensé qu'il pouvait être utile de les coordonner et de les résumer pour servir à ceux qui s'occupent de l'histoire de l'enseignement populaire.

On ne trouvera guère ici que l'indication de faits groupés, autant que possible, dans un ordre chronologique sur l'ancienneté et l'accroissement progressif du nombre des petites écoles, leur régime, le recrutement, le salaire et la condition des maîtres. Passant tour-à-tour d'un village au village voisin, d'un ordre de faits à un autre, sans me préoccuper de ménager les transitions, je n'ai en vue que d'offrir des renseignements certains sur un sujet présentant par lui-même un vif intérêt d'actualité et qui est encore un côté peu exploré de notre histoire locale.

On y verra, par exemple, que les membres du clergé, lorsqu'ils étaient chargés du rôle d'écolâtres, ont reconnu excellent le principe de la gratuité des écoles, et que l'ancien régime a appliqué ce principe, comme un bienfait en quelque sorte naturel, partout où il a pu le faire.

L'instruction obligatoire n'est pas plus une nouveauté que l'instruction gratuite; proclamée, édictée au XVIe siècle, si l'obligation n'exista guère en fait, on comprendra aisément qu'on ne pouvait se montrer rigoureux à cet égard contre les pères de famille, à une époque où les moyens de satisfaire aux ordonnances n'étaient pas mis partout à leur disposition.

Cependant l'existence des petites écoles, de celles que nous appelons écoles primaires, remonte assez loin. Rares après le moyen-âge, elles se multiplient peu à peu, surtout à partir de la Renaissance; tout en restant précaires, très-insuffisantes aux divers points de vue du nombre, de la valeur des maîtres et du niveau des connaissances qu'on y pouvait acquérir, elles se trouvaient néanmoins beaucoup plus répandues dans notre province, avant la révolution, qu'on n'est généralement porté à le croire.

Peu de paroisses restèrent privées d'établissement scolaire, si modeste qu'il fût.

Ce qui frappe surtout, lorsqu'on tente aujourd'hui des comparaisons avec certaines périodes du temps passé, c'est le peu de développement de l'enseignement populaire au commencement du XIXe siècle, malgré les moyens dont on avait pu disposer auparavant.

Depuis, le progrès a fort heureusement marché d'un pas assuré et notre époque a réalisé, sous ce rapport, en moins de cinquante ans, plus que n'avaient fait les générations antérieures pendant des siècles.

I

Sous les rois des premières races, les hommes d'étude se trouvaient dans les monastères, dans les chapitres de chanoines, dans les diverses communautés religieuses; l'église était l'unique dépôt des lettres et des connaissances dans la société. Aussi l'enseignement de la jeunesse fut-il une de ses principales préoccupations, et le clergé put augmenter son influence par cet avantage, qui lui assurait une large place dans le gouvernement et lui permettait de s'élever jusqu'aux premières dignités de la monarchie.

Les premiers professeurs furent donc des religieux et les premières écoles des cloîtres, où se formaient les prêtres qu'on répandait dans les paroisses; comment s'étonner si le clergé eut les petites écoles dans les mains, dès qu'on les forma? Il était seul capable d'enseigner.

D'après dom Rivet (1), la cathédrale de Paris avait des écoles avant le IVe siècle. Les écoles épiscopales auraient ainsi précédé les écoles monastiques, selon toute probabilité.

Au deuxième synode de Vaison, on recommandait l'éducation des clercs; aux curés, les pères du concile conseillaient de se pré-

(1) *Histoire littéraire des Bénédictins*, t. V.

parer des successeurs et une récompense éternelle en élevant de jeunes lecteurs dans leur propre maison. Ces recommandations en faveur de l'instruction et dont le but était l'intérêt de l'église, remontent à l'époque mérovingienne.

M. l'abbé Denis, chanoine de Meaux, auteur d'un très-consciencieux travail historique sur l'Agriculture dans Seine-et-Marne, récemment publié (1), signale la rénovation qui suivit la conquête des Francs; il énumère les fondations de monastères au VIIe siècle, favorables à la fois à l'agriculture et à l'étude dans le rayon qui forme notre département actuel. C'est Saint-Séverin de Château-Landon, Rebais, Reuil, Saint-Pierre de Lagny, Saint-Fiacre, Saint-Faron de Meaux, Saint-Père de Melun, Chaumes, Chelles, Faremoutiers, Jouarre et Champeaux : huit monastères d'hommes et quatre de femmes.

Ces établissements, dit M. l'abbé Denis, ne doivent pas être considérés seulement comme des asiles de piété, comme des maisons hospitalières, mais aussi comme des écoles de science religieuse et littéraire.

L'éducation des enfants de familles nobles était, en effet, confiée aux moines. Saint-Aile, fils d'un seigneur de la cour de Childebert II, roi d'Austrasie, avait étudié à Luxeuil avant de devenir abbé de Rebais; Saint-Hildevert avait été élevé dans les exercices de piété et dans l'étude des lettres à Saint-Faron et à Rebais, avant de devenir évêque de Meaux. La célèbre abbaye de filles de Chelles, à la mort de Sainte-Bathilde, possédait sous sa dépendance et dans son voisinage immédiat une communauté de religieux; chacune de ces maisons recevait des élèves : les religieuses formaient les jeunes filles à la vertu et aux connaissances propres à leur sexe, comme les prêtres du second monastère s'occupaient de l'éducation des jeunes nobles. L'un des rois fainéants, Thierry, fils de Dagobert III, fut placé chez ces maîtres réputés en l'an 715; le jeune prince, il est vrai, « ne fit honneur ni au couvent ni à Chelles, dont il porta le nom, car il mourut en 738, tout aussi obscurément qu'il avait vécu » (2).

Sous Charlemagne le cadre s'élargit.

Nous ne sommes pas encore arrivés au synode de Valence (855),

(1) *Lectures sur l'Histoire de l'Agriculture*, etc.; Meaux, Cochet, imp., 1881, 1 vol. in-8° de 376 p.

(2) M. l'abbé Torchet. *Chelles aux temps mérovingiens*. Société d'archéologie de Seine-et-Marne, 6e vol., 1873; p. 9.

où l'on invite les évêques à aviser au sujet des écoles, aussi bien de celles où l'on enseigne la science profane et le chant, que de celles où l'on apprend les sciences ecclésiastiques; mais déjà l'existence des premières est certaine, car le concile lui-même nous apprend qu'elles sont en décadence.

Le plus utile promoteur des mesures relatives à l'instruction, par lesquelles Charlemagne illustra son règne, fut Alcuin, qu'il avait attiré de Parme en France et à qui il avait conféré trois abbayes, entre autres celle de Ferrières-en-Gâtinais. On peut croire que l'heureuse influence de l'abbé de Ferrières profita à la région du Gâtinais qui dépend maintenant de Seine-et-Marne.

Par sa lettre-circulaire de 787, approuvée par les évêques, le monarque voulait qu'on instituât des écoles de jeunes lecteurs apprenant, dans les évêchés et dans les monastères, les psaumes, la notation musicale, le chant, le comput et la grammaire. Tel était le programme de ces écoles ecclésiastiques qui jetèrent quelque éclat. Malheureusement, l'œuvre de civilisation ébauchée par Charlemagne cessa de progresser après lui; sous ses successeurs, l'éclipse de l'intelligence devint aussi complète qu'auparavant, selon M. Vallet de Viriville (1). Quelques-unes seulement, parmi les écoles épiscopales, purent se soutenir, et au premier rang figure celle de Paris, où Abbon vint se perfectionner, suivi bientôt par Remi, qui avait étudié d'abord à Reims.

Au xe siècle, rapporte encore M. Vallet de Viriville, les écoles de Paris, d'Orléans et de Reims se partageaient la royauté de la science. Tours possédait alors une école de calligraphie.

Une constitution de l'an 788 avait mis à la charge des évêchés et des couvents, partout où ces établissements existaient, les frais d'entretien d'une école. Les prêtres, dit à son tour Théodulfe, évêque d'Orléans (2), tiendront écoles dans les bourgs et dans les villages; ils enseigneront la charité aux enfants qui leur seront envoyés, sans rien exiger des parents, mais se contentant de recevoir ce qui sera offert volontairement.

Le concile de 826, tenu à Rome, sous le pape Eugène II, prescrit encore d'établir des écoles dans les sièges d'évêchés, dans les paroisses et autres lieux où elles seront jugées nécessaires, avec

(1) *Histoire de l'instruction publique en France.*
(2) *Capitulaires*, chap. XX. Labbe, concil. t. VII, p. 136.

des maîtres capables d'enseigner les lettres, les arts libéraux et les dogmes de l'église (1).

L'éducation de la jeunesse ne pouvait manquer de devenir, pour ceux qui en étaient chargés, le fondement d'une grande prépondérance. M. Guérard, dans sa préface du *Cartulaire de Notre-Dame de Paris,* examine les causes de cette suprématie de l'église sur le peuple, et explique comment l'instruction, la possession des richesses, la bienfaisance donnèrent aux religieux et aux prêtres une précieuse popularité. Il montre ensuite les fautes commises, qui devaient leur faire perdre cette influence peu à peu.

C'est seulement au XIe siècle que se fondent, dans notre pays, les collégiales de Melun et de Provins, où l'enseignement allait prendre droit de cité. A cette époque, florissait à Meaux un poète latin, Fulcoïus, attiré de Beauvais dans cette ville par la réputation des professeurs qui enseignaient à l'école épiscopale, à laquelle il resta lui-même attaché, avec le titre d'archidiacre de la cathédrale (2).

Au commencement du siècle suivant sont fondées les écoles du monastère de Lagny, dont la réputation grandit rapidement. Anselme, moine de cette maison, qui succéda à Sigebert, comme abbé de Gembloux, est placé à leur tête en 1112. C'était un lettré; d'après le *Gallia Christiana,* Anselme a dirigé aussi les écoles de Hautvillers, enrichi la bibliothèque de Gembloux et continué la chronique de Sigebert. Il est question, dans l'histoire manuscrite de l'abbaye de Lagny, laissée par dom Chaugy, des écoles de ce lieu, où Hugues Fart enseignait publiquement les sciences en 1152, et que Gilbert Dumont dirigeait vers 1160. Après la mort de Dumont, le régent fut nommé annuellement par l'abbé de Saint-Pierre de Lagny.

Lagny dépendait du diocèse de Paris.

Pour le diocèse de Meaux, le bénédictin Toussaint Duplessis (3) constate de son côté cet usage des abbayes et des collégiales, d'élever des enfants de famille pour les former à la vertu dès le bas-âge et leur donner les premiers éléments d'instruction, ainsi que le

(1) Canon 34. Dom Remy et Cellier, *Histoire générale des auteurs sacrés*; Paris, 1758, t. XXII, p. 596.

(2) Dom Bouquet, *Recueil des Historiens de France,* t. XI.

(3) *Histoire de l'église et du diocèse de Meaux;* Paris, 1730, 2 v. in-4°, t. 1er, p. 105.

recommandait la règle de Saint-Benoist; mais, dit-il, ces pieuses écoles, très-florissantes au XIIe siècle, prirent une autre face au siècle suivant. Le bas-chœur ayant été institué dans les cathédrales, les écoliers y furent compris et leurs places devenues serviles n'eurent plus pour objet principal que le chant et les cérémonies de l'autel. On donnait encore des maîtres aux enfants, mais ce qu'on avait en vue se réduisait à la musique et au service du chœur. Dom Duplessis ajoute qu'il trouve, pour la première fois, les écoliers de Meaux dans cet état d'assujétissement en l'année 1246.

Nul ne pouvait enseigner dans la ville épiscopale sans l'assentiment du maître des enfants du chœur. Le privilège de maîtrise avait été conféré en 1147 par l'évêque Manassès à un *magister scolarum* nommé Adam ; il passa ensuite au chancelier de la cathédrale, mis au rang des dignitaires seulement en 1201, sous l'évêque Anseau ou Anselme, poète et professeur de droit. Le premier chancelier fut Clairambaud, *vir litteratus*. Créé pour régler les leçons qui se disent au chœur, sa juridiction s'étendait sur la psallette ou maîtrise des enfants de chœur de la cathédrale, « première école du diocèse, et sur toutes les autres écoles, particulièrement celles de la ville, dont il a le droit d'instituer les maîtres, de les destituer et corriger, avec subordination néanmoins à l'évêque » (1). Par l'acte d'érection de l'office d'écolâtre en dignité, on attacha à cet emploi quelques revenus fixes, les canons défendant « de rien exiger pour le gouvernement des classes. »

C'était une charge en honneur dans l'église, que celle de nommer les *maîtres écrivains* et les *maîtres d'école*, — ceux qui enseignaient à écrire et ceux qui enseignaient seulement à lire. A Paris, elle était remplie par un docteur en théologie ou en droit canon. Dès le Xe siècle, Aurillac avait pour écolâtre l'illustre Gerbert, qui devait s'élever jusqu'au trône pontifical sous le nom de Sylvestre II ; plus tard Guillaume de Champeaux a été écolâtre et archidiacre de Paris. Notons en passant que l'évêque de Meaux Manassès, lorsqu'il institua le *magister scolarum* dans son diocèse, respecta des droits antérieurs, en confirmant à l'abbaye de Saint-Jean-des-Vignes-lès-Soissons le privilège scolaire dont elle jouissait sur un territoire assez étendu. Déjà cette abbaye possédait le prieuré conventuel de Saint-Martin de La Ferté-Gaucher, qu'elle devait à

(1) D. Duplessis, t. 1er, p. 102.

la libéralité de Gaucher de Montmirail et de l'évêque de Meaux Bouchard. Manassès ratifia ce qu'avait fait Bouchard pour les droits de l'abbaye de Saint-Jean sur l'église Saint-Martin et la paroisse Saint-Romain de La Ferté, sur les dîmes, sur la justice d'une partie du territoire; il a soin d'ajouter, dans la charte signée à cette occasion, que les chanoines du prieuré de Saint-Martin jouissent du haut privilège d'écolâtres et que nul ne peut diriger écoles à La Ferté-Gaucher ni dans l'étendue de la châtellenie sans leur autorisation (1).

Dans le diocèse de Sens, c'est au préchantre — quatrième dignité de leur église — que les archevêques ont confié la charge de nommer et d'inspecter les maîtres d'école. Le plus ancien document qui établisse ce droit est une charte de 1176, adressée par l'archevêque Guillaume II de Champagne au préchantre Geoffroy. Le prélat défend d'ouvrir, sans l'approbation de ce dernier, aucune école de grammaire, de chant ou de psautier dans la ville de Sens...., dans les châteaux de Moret, Montereau, Marolles, Bray, etc. (2).

Là aussi, il y avait antérieurement des concessions particulières, qui furent respectées. A Provins, par exemple, le chantre de Saint-Quiriace instituait les magisters dans toute l'étendue de la châtellenie, et la grande charte accordée à cette collégiale par Henri-le-Libéral, comte palatin de Troyes (1176), confirme au titulaire ses droits acquis (3). Cependant, le chantre de Notre-Dame-du-Val de Provins tenta bien d'empiéter sur le privilège de l'écolâtre, il obtint même un titre en sa faveur; mais en 1178, l'archevêque Michel de Corbeil, mieux informé, s'empressa de révoquer le droit qu'il avait conféré « par surprise » au chantre de Notre-Dame-du-Val.

A Tournan, dans le ressort du diocèse de Paris, le seigneur Anseau II de Garlande reconnaît en 1192 qu'il appartient au prieur du lieu d'établir le maître d'école (4).

Le mouvement scolaire marchait de front avec le mouvement

(1) Le P. Legris: *Histoire latine du prieuré de Saint-Jean-des-Vignes.* — M. Choron : *L'instruction primaire dans le Soissonnais.*

(2) Archives de l'Yonne; fonds du chapitre de Sens. — La charte de l'archevêque Guillaume est rapportée par Fenel dans ses *Preuves de l'Histoire des archevêques de Sens.* — V. Max. Quentin, *Congrès scientifique de France*, 1858.

(3) *Cartulaire de Michel Caillot*, manuscrit de la bibliothèque de Provins; folio 167. — Archives de Seine-et-Marne, G. 440.

(4) L'abbé Lebeuf, *Histoire du diocèse de Paris.*

politique des communes; il l'avait devancé peut-être et ce fut sans doute une de ses causes, car la revendication de l'affranchissement communal dénote chez le peuple une certaine culture intellectuelle. Les franchises obtenues, le besoin d'apprendre se fit mieux sentir encore, et l'on y mit une véritable ardeur. Effet ou cause, peut-être cause et effet tout ensemble du mouvement communaliste, comme le remarque M. Choron dans son Etude sur l'instruction primaire dans le Soissonnais (1), cette ardeur devint le point de départ du progrès scolaire signalé par l'abbé de Nogent-sous-Coucy, Guibert, auteur du *Gesta Dei per Francos*, mort en 1124.

M. d'Arbois de Jubainville remarque que si des cathédrales, des collégiales et des abbayes, on descend aux prieurés, on retrouve également les professeurs à l'œuvre : c'est alors qu'Abélard enseignait dans le prieuré Saint-Ayoul de Provins. La France littéraire de cette époque, dit-il, peut être comparée à un enfant auquel l'Eglise fait l'école.

Les comtes de Champagne et de Brie attachent des précepteurs à la personne de leurs fils ; cependant, Henri-le-Libéral étudie les arts libéraux et est soumis pendant plusieurs années « à la discipline des écoles. » Il paraît même qu'en dépit de sa naissance, on ne lui ménagea pas les coups de férule (2).

On voit l'inauguration d'une ère nouvelle. Désormais, les lettrés ne se trouveront plus uniquement dans les rangs du clergé ; des écoles particulières de grammaire, appelées à devenir un jour les collèges, prennent place avantageusement à côté des anciennes écoles épiscopales, monastiques et paroissiales. Les écoles capitulaires ne sont pas encore publiques; celles des paroisses, dites d'abord presbytérales, cessent d'être tenues directement par les curés ; enfin, les écoles monastiques redeviennent, comme à leur début, des écoles intérieures où les élèves, selon leurs aptitudes et les emplois auxquels ils se destinent, peuvent apprendre depuis les premiers éléments jusqu'aux notions les plus élevées de l'enseignement de l'époque.

Il ne faudrait pas croire, toutefois, qu'en se propageant, l'instruction grammaticale eût pénétré bien avant dans les classes inférieures de la société, parmi les *vilissimi*, comme les désigne

(1) Société archéologique et historique du Soissonnais, 1878.
(2) D. Bouquet, t. XVI, p. 703.

l'abbé Guibert, aussi peu partisan lui-même d'élever pour ceux-là le niveau des connaissances, qu'il l'était des libertés communales.

Du moins, le témoignage de dom Guibert atteste-t-il qu'un progrès notable s'est accompli de son temps.

Il parle dans l'épître dédicatoire à l'évêque de Soissons, qui accompagne son histoire de la première croisade, des villes, des bourgs, des campagnes où l'on apprend la grammaire avec ardeur, et il y revient encore dans sa préface : « Voyant, dit-il, que de tous côtés on se livre *avec fureur* à l'étude de la grammaire et que le nombre toujours croissant des écoles en rend l'accès facile même aux hommes de basse extraction, j'aurais eu honte de ne pas raconter, sinon comme j'aurais dû, au moins comme j'ai pu le faire, la gloire de notre temps. »

Ne prenons pas trop à la lettre l'enthousiasme de l'abbé de Nogent ; ce « nombre toujours croissant » des écoles est relatif.

Nous avons dit que le privilège de suprématie scolaire était en honneur, il n'était pas non plus sans profit. Ceux qui en jouissaient continuaient à percevoir une redevance sur les maîtres auxquels il accordaient la licence d'enseigner (1). Et, bien que le 3e concile de Latran ait déclaré en 1179 qu'il y avait abus et qu'un tel usage devait être proscrit, cette redevance n'en subsista pas moins, comme tant d'autres abus.

On connaît une lettre du pape Alexandre III au chapitre de Châlons-sur-Marne, qui défend encore formellement de vendre l'autorisation d'enseigner (2).

Les conciles prenaient soin de prescrire (1179-1215) la création d'une prébende spécialement affectée à l'enseignement, dans chaque cathédrale, pour que le titulaire instruisît gratuitement non seulement les clercs de l'église, mais tous les autres écoliers pauvres : « *aliosque scholares pauperes gratis instrueret...* »

Les monastères, comme les cathédrales, sont périodiquement invités à consacrer des fonds à cet usage, « personne ne pouvant exiger de rétribution pour la permission d'enseigner, ni pour l'exercice de l'enseignement. »

(1) Varin (Archives administratives de Reims, tome III, page 596) nous apprend qu'en 1384 dans cette ville « l'escollaterie en temporel ne vault pas plus de IX livres. »

(2) Dom Bouquet, XV, page 851.

Malgré ces efforts constants, la création des prébendes préceptoriales fut longtemps négligée, et les mêmes prescriptions reparaissent dans tous les synodes ou conciles nationaux, dans la pragmatique sanction sous Charles VII, dans le concordat de François Ier, dans les ordonnances de Charles IX, de Henri III, etc.

Ainsi que le remarque M. Vallet de Viriville *(Histoire de l'Instruction publique en France ;* p. 199), on peut dire qu'en général l'église ne subvint pas assez largement par elle-même à cette dette morale de l'enseignement du peuple. Elle formait surtout des sujets destinés au rôle d'enfant de chœur ; au-delà, « l'œuvre s'accomplit progressivement, sous son égide, mais par le zèle et l'industrie de la société laïque. »

Notre province, voisine de Paris, fut peut-être mieux dotée que beaucoup d'autres ; le clergé s'y montrait plus éclairé, plus libéral, plus disposé à se préparer des successeurs capables d'honorer l'église. L'université naissante de la capitale compta, parmi ses premiers disciples, de nombreux étudiants briards. Il n'est peut-être pas de contrée, dit M. l'abbé Denis *(Essai historique et archéologique sur Pecy ;* 1863, in-8°), où les monastères et les prieurés aient été fondés en plus grand nombre que dans la Brie, au moyen-âge. Chaque seigneur trouvait ainsi à la porte de son manoir des maîtres pour ses enfants, qui allaient ensuite entendre les leçons des docteurs de Paris. Depuis le règne de Saint-Louis jusqu'à la fin du XIIIe siècle, les grandes familles briardes donnent des évêques aux églises de France ; les maisons de Garlande, de Gretz, de Chevry, de Melun, de La Houssaye, de Salins, de Beaulieu, de Nemours, sont au premier rang dans ce mouvement intellectuel et religieux. Le diocèse de Meaux trouve ses prélats dans son propre sein. C'est l'époque où les chapitres procèdent à des élections, sévèrement revisées par le St-Siège, où les rois choisissent dans le clergé les conseillers de la couronne. Le savoir ouvre le chemin des hautes positions et des honneurs : Etienne de Nemours, fils du seigneur de Villebéon et de La Chapelle-Gautier, obtient l'évêché de Soissons en professant à la suite de Guillaume de Champeaux, cet autre enfant de la Brie, fameux entre tous dans la même carrière. Bientôt Guillaume de Bray et Simon de Beaulieu seront revêtus de la pourpre, et Martin IV, briard comme eux, est élevé à la papauté après avoir été ministre de Saint-Louis.

Tous avaient fréquenté la célèbre Université de Paris, où leur compatriote Pierre de Maincy donnait ses leçons.

Avec le XIIIe siècle la direction des études tend à se modifier ; l'esprit de la cour lettrée des comtes de Champagne va leur donner un essor nouveau. Les comtes n'avaient pourtant aucune autorité sur l'enseignement dans leurs domaines, l'église restant maîtresse à cet égard ; mais ils encourageaient l'instruction par des libéralités, et leur influence produisit un grand mouvement en dehors des écoles, dans un public ordinairement étranger aux études latines et classiques. On vit se développer, à côté de la littérature scolastique, « une littérature nouvelle, gaie, légère, vivant d'imagination comme l'autre de raisonnement, mais peu sérieuse et souvent peu morale, en un mot la littérature française primitive » (1).

Avec Thibaut IV, qui avait le goût de la poésie, les poètes se multiplièrent ; pour n'en citer que quelques-uns, c'est alors que surgirent Robert de Bouron, Guyot de Provins, Guy de Bazoches, Gilles de Vieux-Maisons, Jehan de Flagy, traducteur du roman de Garin le Loherin, Nicolas de Bray-sur-Seine, doyen du chapitre de cette ville et auteur des *Gestes de Louis VIII.*

A la vérité, l'enseignement primaire proprement dit ne profitait guère de cet élan vers les études littéraires. Cependant, à la date de 1212 (2), il est fait mention des écoles de Saint-Loup-de-Naud et d'Esmans, dont les curés avaient la collation (3).

A Melun, à la même époque, le chantre de la Collégiale Notre-Dame, ne jouissait pas, comme celui de Saint-Quiriace à Provins, du privilège d'instituer les maîtres des petites écoles. Des prétentions s'étaient bien produites dans ce sens, mais les bénédictins du monastère de Saint-Père de Melun avaient un droit antérieur, confirmé en 1222 par le pape Honorius III. La bulle du Saint-Père défend au chapitre de Notre-Dame de troubler les bénédictins dans leur droit d'enseigner publiquement au bourg Saint-Aspais et d'y nommer les maîtres (4). Sébastien Rouillard, le vieil historien

(1) D'Arbois de Jubainville, *Histoire des comtes de Champagne et de Brie.*

(2) Une contestation s'étant élevée entre le curé de Saint-Loup-de-Naud et l'abbaye de Saint-Pierre-le-Vif, sur leurs droits respectifs, Pierre de Corbeil, archevêque de Sens, régla en 1212 les termes d'une convention entre eux, dans laquelle il est stipulé que *le don des écoles* de Naud reste au curé.

(3) D. Cotton, *Histoire de Saint-Pierre-le-Vif d'Auxerre ;* manuscrit de la bibliothèque publique de cette ville. — M. Quantin : *Congrès scientifique de France,* 1858, p. 136. — Félix Bourquelot : *Notice historique et archéologique sur le prieuré de Saint-Loup-de-Naud* (Bibliothèque de l'école des Chartes, t. 2).

(4) Archives de Seine-et-Marne, H, 222. — Bernard de la Fortelle, *Histoire de Notre-Dame de Melun,* 1843, in-4o, p. 7 et 8. — En 1450 et 1468 des sentences rendues par des juges choisis par le pape ont maintenu l'abbaye de Saint-Père de

melunais, parle aussi d'une école des juifs qui existait dans cette ville aux XIIIe et XIVe siècles ; nous connaissons, en effet, un acte de 1310 par lequel François-Simon Lerat, chevalier de Saint-Jean de Jérusalem, ratifie comme seigneur *tréfoncier* la vente faite au chapitre de Melun, d'une maison « en la Juiverie », tenant d'une part à celle qu'on appelle l'escole aux juifs et d'autre part à Denise Galimar. A la synagogue ouverte dans la rue qui porte encore le nom de la Juiverie, était sans doute annexée une école pour l'instruction des jeunes israélites, comme à Provins, dans la ville haute.

L'école juive de Provins était de vieille fondation ; on en rencontre la trace dès 1191 et M. Félix Bourquelot nous apprend qu'elle fut saisie, au nom du roi, en 1306, lors de l'expulsion des juifs ordonnée par Philippe-le-Bel (1).

Le village de Samois avait au XIIIe siècle un maître d'école. Dans les dessins de la collection Gaignières, à la bibliothèque d'Oxford, se trouve reproduite la pierre funéraire d'Evrat Polet, « clerc maître de l'escole de Samoy », mort le jeudi veille de Saint-André 1234 et inhumé dans le cloître de l'abbaye de Barbeaux (2).

A Chaumes, un enfant du pays avait enseigné comme précepteur avant de se faire chevalier hospitalier ; c'est Jehan de Chaumes, qui devint commandeur de Saint-Jean-de-Latran, à Paris, après Guillaume de Moret, en 1260.

Si l'on en croit la tradition, car aucun titre authentique n'en apporte la preuve, Blanche de Castille, mère de Saint-Louis, aurait fondé en 1251, dans l'abbaye de Juilly, une école destinée aux fils des croisés morts aux deux batailles de Mansourah (3).

L'existence d'une école de grammaire à Provins, en dehors des petites écoles, est plus certaine. Elle payait en 1276 au roi 4 livres 10 sols de loyer pour le local situé « au dessous des greniers de

Melun en possession des écoles de la ville, malgré la prétention du chantre de l'église collégiale Notre-Dame, et avec le droit d'y nommer le maître (Archives de Seine-et-Marne; — 1er inventaire du couvent de Saint-Père; fo 5, vo). — Voir aussi les archives municipales de Melun, fonds de Saint-Père, G.-G. — Dans un mémoire du XVIIIe siècle, touchant la haute justice de ce couvent, est mentionnée la bulle de 1222 qui a maintenu les religieux dans leur privilège d'enseigner au bourg Saint-Aspais et dans la rue de Boissettes, « où il y a encore une maison dite « de l'Ecole. M. l'abbé a le droit d'y nommer un maître, comme a fait M. de « Marillac, suivant les arrêts de la cour contre le chantre de Notre-Dame. »

(1) *Les Foires de Champagne et de Brie* ; t. 2, p. 170.

(2) Voir l'*Epitaphier des environs de Paris* ; bibliothèque nationale, fonds du Saint-Esprit ; voir aussi *Millin*, antiquités nationales, t. II, no 13.

(3) M. Hamel, *Histoire de Juilly*, 1868 ; 2e édition, p. 48.

S. M. ». Un peu plus tard, en 1318, elle était transférée « vers le four du roi » (1).

D'après les recherches de Michel Cordier sur l'histoire de Coulommiers (2), un collège aurait aussi été établi dans cette ville en 1290, par la reine Jeanne de Navarre ; nous ne connaissons pas de document qui confirme le fait. Dom Duplessis, sans remonter aussi loin, atteste que l'on conservait de son temps au chartrier du prieuré de Sainte-Foy à Coulommiers, des lettres de provision accordées aux maîtres des grandes et petites écoles de la ville, tout au moins depuis 1339. En effet, l'inventaire des titres de ce prieuré (3), inventaire qui a survécu aux documents eux-mêmes, mentionne les nominations de maîtres et de maîtresses, faites en 1339 par François Alzéard de Séveriat, en 1433 par Jean de La Salle, en 1556 par Charles des Ursins, en 1567 par Claude Despence, en 1577 par Guy Gaussard, successivement prieurs de Sainte-Foy.

Ces maîtres se nomment Pierre Maron, Jean Bohier, Claude Chevallier, etc. Le 8 octobre 1567, c'est une maîtresse pour les écoles de filles que nomme le célèbre Claude Despence : elle s'appelle Jeanne Mondollot, femme de Denis Possot, — un nom qui eut lui-même quelque notoriété locale (4).

Ainsi, les prieurs de Sainte-Foy instituaient le régent des grandes écoles et conféraient aux autres maîtres de la ville le pouvoir d'enseigner ; leur droit d'écolâtre est encore confirmé par sentence du bailli du 18 septembre 1647. Au XVIe siècle, les grandes écoles de Coulommiers avaient perdu le titre de collège. Le 28 janvier 1589, René-Hector de Mesgrigny, abbé de Saint-Jacques de Provins et en même temps prieur séculier de Sainte-Foy, institua de nouveau un petit collège avec un seul maître ; il fit plus : des bâtiments appropriés à cette destination furent élevés à ses dépens par l'entrepreneur Guillement, sur un terrain attenant au cime-

(1) M. Emile Lefèvre : *Notice sur le collège de Provins.*

(2) Manuscrit cédé par M. H. Michelin à M. Despommiers, qui l'a offert à la bibliothèque publique de Coulommiers. Ce manuscrit a été publié, en grande partie, dans les *Essais historiques sur le département de Seine-et-Marne*, de L. Michelin.

(3) Archives de la ville de Coulommiers, G.-G., 72.

(4) En 1484, un Possot était curé de Coulommiers. Son neveu, Denis Possot, prêtre de Coulommiers, a publié un Voyage en Terre-Sainte (Paris, Regnault-Chaudière, 1536, in-4°).

Un autre Possot (Jérôme), de Provins, réputé pour savant et habile prédicateur, a été prieur des Jacobins de cette ville et provincial de son ordre ; il est mort à Provins en 1567.

tière de Sainte-Foy (1). La fondation de l'abbé de Mesgrigny ne prit pas d'extension; en 1650, Me Guillaume Nolet, avocat au Parlement, principal du collège, ne comptait que quinze élèves, et une déclaration de 1730 atteste que cette maison, simple école possédant seulement 50 francs de revenu, « valait à peine une dizaine d'écus. »

Au XIVe siècle (1350-60), un bourgeois de Meaux dont le nom est resté vénéré, Jean Rose, consacra une large part de sa fortune à créer dans cette ville un hôpital pour vingt-cinq aveugles, avec douze lits pour de pauvres passants; des prêtres devant administrer sa fondation, il leur confia l'éducation de dix jeunes enfants « habiles à apprendre et à profiter, » pour lesquels il assura des pensions gratuites. Les élèves boursiers de Jean Rose reçurent d'abord là les premières leçons et ce fut bien une petite école à l'origine; dans la suite une partie de la fondation se trouva confondue avec le séminaire et le collège.

A l'époque des libéralités du bourgeois de Meaux, une école existait à Lizy-sur-Ourcq. Un document du 30 septembre 1384, cité par l'abbé Thomé, chanoine de Meaux, dans ses manuscrits autrefois conservés à l'évêché, établit que le maître d'école de Lizy recevait chaque année une investiture nouvelle; le curé de la paroisse en avait la nomination pendant deux années consécutives, la troisième année c'était au chancelier de la cathédrale de Meaux à faire son choix (2).

En 1392, Guillaume de Dormans, ancien évêque de Meaux, devenu archevêque de Sens, invita son chapitre à faire un règlement pour les écoles. Ce règlement senonais intéressait de nombreuses paroisses comprises aujourd'hui dans Seine-et-Marne : les maîtres devaient subir l'examen préalable devant le préchantre, qui les envoyait ensuite dans les villes ou dans les campagnes, selon leur savoir. Malgré le vœu des conciles de Latran, ils payaient au recteur des grandes écoles de Sens un droit d'installation basé sur le nombre des élèves, à raison de 6 sols tournois par enfant apprenant le latin et de 3 sols parisis pour les autres, garçons ou filles.

(1) Archives de la ville de Coulommiers, DD. 1.

(2) Peut-être Raoul de Presles, seigneur de Lizy et fondateur du collège qui a porté son nom à Paris, n'est-il pas étranger à la création de cette école dans le lieu de sa seigneurie. On sait qu'il a donné des maisons aux maîtres d'école de Cys et de Presles, diocèse de Soissons, et que cette donation a été amortie par des lettres de Louis X, signées à Moissy-l'Evêque (aujourd'hui Moissy-Cramayel) au mois de février 1314.

Les localités de notre province pourvues d'écoles n'étaient pas encore nombreuses ; celles que nous avons citées, évidemment privilégiées, en devaient l'établissement à des fondations généreuses ou au clergé lorsqu'il était en possession d'une seigneurie dans le pays même (1). Les temps étaient malheureusement peu favorables aux créations de ce genre. Les invasions anglaises pesaient sur la Brie et la Champagne ; le clergé avait été imposé en 1357 au 10e de son revenu, les habitants délaissaient les villages, les champs restaient incultes pendant de longues années. Dans le doyenné de Provins, les curés abandonnaient souvent leurs paroisses pour se retirer dans les forteresses (2). Les petites écoles rurales ne devaient être guère plus nombreuses au XIVe siècle qu'au XIIIe, si l'on considère qu'à Paris il n'existait encore que quarante maîtres et vingt maîtresses ; c'est ce que nous apprennent les *Statuts et Règlements des petites écoles de Paris*, publiés en 1635 par Martin Sonnet, chanoine de Champeaux (3), qui y a joint le procès-verbal d'une assemblée tenue le 6 mai 1380.

La décadence des anciennes écoles abbatiales obligeait les moines eux-mêmes à aller chercher dans les universités une instruction sécularisée (4). Tous les efforts se portaient vers l'enseignement plus élevé. Le cardinal Jean de Dormans, évêque de Beauvais, oncle de l'évêque de Meaux, fonde à Paris un grand collège qui prend son nom ; aussitôt des prêtres meldois, des notabilités briardes encouragent de préférence cette fondation, comme Alice de Villebéon et Jean de Boville, qui lui cèdent leur terre de Nanteau-sur-Essonne, comme Jean Rolland, chanoine de Meaux et curé d'Arcueil, Firmin Barbe, chanoine de Meaux, les d'Orgemont de Montjay, et plus tard le célèbre Claude Despence (5).

La Brie, nous devons le remarquer, était toujours représentée

(1) Les archives publiques, dans notre province, ne sont pas riches en titres remontant au XIIIe siècle. Cependant on peut citer le testament de Simon du Châtelet, bourgeois de Melun, conservé aux archives de la mairie de cette ville. Le testateur dispose, au mois de mars 1259, de ses biens, qui sont considérables, au profit d'établissements religieux ou charitables ; il laisse des sommes d'argent pour des collèges et des communautés d'écoliers.

(2) Archives de l'Yonne, G. 378, 379, 407.

(3) Martin Sonnet, mort en 1679, a laissé quelques autres publications.

(4) D'Arbois de Jubainville : *Histoire des comtes de Champagne*, II, p. 269.

(5) Il en fut de même, au XVIe siècle, lors de la fondation du collège des Grassins à Paris, par Pierre Grassin, conseiller au Parlement, vicomte de Busancy, seigneur de Quincy et de Montgodefroy-en-Brie, qui avait épousé Marie Courtier de Pomponne.

dans les sphères élevées de l'enseignement. En 1302 Pierre de Lagny et en 1368 Théobald d'Aubepierre sont successivement recteurs de l'Université de Paris ; en 1408 Jean de Brie portait le même titre ; en 1425, le frère Pierre de Provins, de l'ordre de Saint-Antoine de Viennois, docteur en droit canon, est un des députés envoyés au concile de Pise par l'Université.

Ce n'était pas seulement la noblesse qui entretenait ses fils dans les collèges ; des bourses nombreuses facilitaient le placement des fils de laboureurs ou fermiers, des protégés de seigneurs laïques ou religieux. La bourgeoisie, de son côté, y envoyait ses enfants, en vue des emplois et des dignités auxquels l'instruction permettait de prétendre. Les offices de judicature ou de finance procuraient aux titulaires des privilèges recherchés et constituaient une sorte d'ordre particulier, qui finit par prendre rang sous le nom de noblesse de robe. Les possesseurs de ces offices, exempts de taille et du logement des gens de guerre, pouvaient acheter des terres nobles sans payer les droits exigés des acquéreurs roturiers ; et pour atteindre ce but il fallait aller au collège, car la vénalité des charges n'excluait pas certaines conditions de grades ou d'examens préalables, dont le succès dépendait du savoir du candidat.

L'ancienne bourgeoisie avait d'ailleurs ses qualités propres. Econome, simple de mœurs, amie du travail et des occupations sérieuses, en devenant instruite elle grandit en considération et en richesse. C'est chez elle qu'allaient se recruter à peu près exclusivement les membres de l'ordre judiciaire et de toutes les professions libérales, où l'on rencontra souvent des connaissances littéraires qu'on n'y trouverait peut-être pas de notre temps.

Ainsi s'expliquent les dispositions favorables de l'ancienne société pour les collèges, tandis que les petites écoles restaient languissantes.

Au commencement du xve siècle, les maîtres d'école montraient à écrire et simultanément à lire, dans les parchemins d'abord, ensuite dans les papiers, où l'écriture était moins soignée et plus difficile à déchiffrer : ils enseignaient à peu près tout ce qu'ils savaient. (1)

Dans la ville de Meaux, le chantre de la cathédrale, qui nommait le maître des petites écoles, se fit maintenir en possession de son privilège, en 1406, à la suite de l'établissement de Me Jean

(1) Alexis Monteil, *Les Français des divers Etats* ; xive siècle, épitre 72.

en qualité de recteur, sans qu'on eût pris soin de le présenter à son agrément. Cependant, le 19 décembre 1411, le chapitre Saint-Etienne prend l'avis du chancelier de l'église pour instituer un maître des écoles grammaticales de la ville, du marché et des faubourgs (1).

Il y avait conflit d'attributions entre le chantre et le chancelier, et les contestations à ce sujet se sont souvent reproduites. En 1468 le chantre reparaît ; il nomme un régisseur des écoles, « en attendant l'issue d'un procès pendant avec Pierre Dufour, prieur-curé de Sainte-Céline ».

Quelques années auparavant, de 1450 à 1460, Guillaume Alemain, maître ès arts, dirigeait l'école de garçons des ville, marché et faubourgs de Meaux, et Perrette Laherèche celle des filles.

Les écoles spéciales pour les jeunes filles n'existaient, pour ainsi dire, point encore. Les classes étaient mixtes à peu près partout, et l'on a pu constater que, dans le même local, les garçons apprenaient à écrire, mais non les filles. Pendant longtemps il n'y eut pas d'instruction scolaire pour celles-ci, l'éducation morale et religieuse devait leur suffire.

A Crécy-en-Brie, par une nouvelle anomalie, ce n'était pas le chancelier, mais bien le doyen du chapitre de la cathédrale de Meaux qui nommait le maître d'école au XVe siècle (2), de même qu'il nommait à la cure.

Assez communément, dans les villages, les desservants se faisaient maîtres d'écoles, augmentant ainsi leur modique salaire et trouvant l'occasion d'encourager les vocations religieuses. Il est même certaines localités qui eurent de la sorte l'heureuse chance de rencontrer, pour répandre un peu d'instruction, des hommes de bonne volonté dont le savoir dépassait de beaucoup le niveau ordinaire (3). Par exemple, Nicolas Fradet, licencié ès-lois, avocat au Parlement, chanoine et chancelier de l'église de Bourges, retiré à Coulommiers en 1476, avec le titre de prieur commendataire de Sainte-Foy, consentit peu après à se faire *recteur de la cure* de

(1) Cartulaire manuscrit de l'église de Meaux, tome IV ; à la bibliothèque publique de cette ville.

(2) Archives de Seine-et-Marne. Inventaire des titres du chapitre de la cathédrale.

(3) Sébastien Rouillard, en rappelant dans son histoire de Melun (p. 606) que Jacques Amyot eut pour professeur de mathématiques Oronce Finé, ajoute qu'il se fit expliquer les derniers livres d'Euclide par « un petit écrivain, fort subtil mathématicien, qui apprenait aux enfants à écrire, avec l'*abaco*, c'est-à-dire l'arithmétique et l'art de calculer par jetons et par chiffres. »

Mouroux ; malgré son âge avancé, ce docte personnage desservait la paroisse et instruisait les enfants.

A côté, le curé de Coulommiers, Adam Baratte, qui était docteur en théologie, réunissait chez lui de jeunes garçons pour leur donner des leçons. Il avait un petit domestique, nommé Mathieu Gillet, natif de Chailly, qui profita de cet enseignement ; Adam Baratte l'envoya à Paris pour compléter son instruction et résigna la cure de Coulommiers en sa faveur. Une charte de Louis XI, du 30 septembre 1471, constate que Mathieu Gillet était alors « prestre curé de Coulommiers et escolier estudiant en l'université de Paris. » L'étudiant prit ses grades, devint prédicateur et chanoine de la cathédrale de Meaux.

C'est alors aussi que frère Jean Fóret, religieux de St-Magloire, prieur de Chalifert, au diocèse de Meaux, se fit maître des écoles de Montfort-l'Amaury, sous le nom et l'aveu de l'abbé de Saint-Magloire (1).

Cependant les mœurs du clergé s'étaient singulièrement relâchées ; la décadence morale des clercs enseignants de Paris et de la banlieue, à la fin du règne de Louis XI, est attestée par d'assez nombreux documents. La fondation d'universités nouvelles avait multiplié les clercs et les gradués, l'abus de la commende ou du cumul des bénéfices ecclésiastiques enrichissait quelques privilégiés, en réduisant à la misère cette masse croissante de clercs non admis au partage, clercs vagabonds, truands et mendiants, dont Villon a été le poète et le complice, maîtres ès-arts qui se font maîtres d'écriture ambulants ou chapelains mercenaires, deviennent larrons, fabriquent à l'occasion la fausse monnaie, vendent les vases sacrés et exploitent les femmes de mauvaise vie. M. Siméon Luce (2) a rappelé récemment ces faits en publiant les lettres de rémission accordées par Louis XI, au mois de juillet 1478, à Etienne Cappel, maître ès-arts, clerc, arrêté pour fabrication de fausse-monnaie, après s'être associé dans la ville de Meaux à Guillaume Guevueir dit Goberville, et à Jean du Breuil, son serviteur, « lesquels tenoient escolle d'escripre, en intention d'aler par le pays avec eulx et de gaigner sa vie. »

A Coulommiers, Cappel avait laissé ses compagnons à leurs

(1) Archives nationales ; L. 605.

(2) Les clercs vagabonds à Paris et dans l'Ile-de-France sous Louis XI ; Bulletin de l'histoire de Paris, 1882. — Archives nationales, section historique, J. J. 206, nº 1034. fº 220.

leçons (1), pour gagner Provins et tenir la plume chez un tabellion ; mais un mois après il les avait rejoints et partait avec eux tenir école d'écriture à Châlons.

Le 28 octobre 1484, l'abbé du Jard, Etienne Gallé, et frère Mathias, curé de la paroisse Saint-Ambroise de Melun, concèdent à Mᵉ Egidius de Bourdeaulx, clerc, maître ès-arts, les écoles de cette paroisse pour y enseigner et faire enseigner en la manière usitée par les cédants (2). M. G. Leroy, dans son *Historique sommaire de l'enseignement à Melun* (3), exprime l'avis que ces écoles de grammaire n'étaient autres que le petit collège existant déjà dans la rue de la Rose, où Jacques Amyot dut recevoir ses premières leçons avant d'aller au collège du cardinal Lemoine, à Paris.

Les écoles de grammaire étaient mercenaires ; ceux qui les ouvraient, — prêtres, clercs ou laïques, — devaient y vivre de la rétribution des écoliers, et les populations du bon vieux temps n'étaient pas toujours en état ni en disposition de payer, ce qui rendait précaire le sort des maîtres et souvent impossible le maintien de leurs classes. De là aussi l'infériorité des écoles de grammaire comparées aux écoles ecclésiastiques, lesquelles étaient gratuites et entretenues par les monastères ou les églises dont elles dépendaient (4).

Les diverses paroisses de Melun avaient d'ailleurs leurs petites écoles, de temps immémorial, dit encore M. Leroy ; les habitants en avaient la surveillance aussi bien que l'entretien. Avant l'apparition des congrégations enseignantes de femmes, les deux sexes y recevaient en commun une instruction des plus restreintes, car on n'y apprenait pas toujours à écrire... Cependant, les maîtres d'école ou recteurs, pénétrés de l'importance de leurs fonctions, marchaient de pair avec les maîtres artisans dont ils se disaient les égaux, quoique ceux-ci prétendissent le contraire et les qualifiassent ironiquement d'*abécédaires*. Si la profession était quelque peu honorifique, en revanche elle n'était guère lucrative : les recteurs allaient quelquefois mourir à l'hôpital, comme il arriva

(1) Coulommiers avait à cette époque un autre maître d'écriture nommé Antoine La Mollère (Archives de l'Hôtel-Dieu de cette ville. B. 68).

(2) Archives de la ville de Melun ; fonds du Jard. — Série GG.

(3) Melun, 1867, brochure in-8°.

(4) M. Chorou : *L'Instruction primaire dans le Soissonnais* (Société archéologique de Soissons, 1878).

encore en 1618 à Laurent Herenge, « pauvre maistre d'escolle de la paroisse Saint-Aspais. »

Un titre du 4 mai 1490 prouve qu'à cette époque la petite ville de Nangis n'était pas dépourvue d'école; il s'agit de quelques parcelles de terre situées en censive de la commanderie de La Croix-en-Brie, qu'échangent entre eux Etienne Chapolot, de Saint-Just, et Guillaume Marchand, « maistre des escoles de Nangis » (1).

II

Les guerres anglo-bourguignonnes et les troubles presque incessants qui suivirent avaient amené la fermeture des écoles en beaucoup d'endroits et leur abandon pendant un temps plus ou moins prolongé, lorsque commença le XVIe siècle.

L'enseignement élémentaire avait été tellement négligé que ceux qui acquéraient des charges d'huissier ou de sergent, ne sachant pas suffisamment écrire, les exploitaient avec l'aide de scribes autorisés.

Dans cette période nouvelle apparaît cependant, dès 1505, le magister Noël, à May-en-Multien, qui reçoit 10 sols de gages (2).

En 1508, Nicole Dupuis, maître ès-arts, licencié en décret, régent des grandes écoles de Sens, devient aumônier et administrateur de l'hôpital Saint-Jacques de Melun, où est institué un précepteur.

L'année suivante, on trouve mentionnée la grande école de Provins (3). Le 10 février 1521, Guillaume Guiboureau, greffier et tabellion de Roissy-en-Brie, donne une maison de ce village, rue du Four, « pour faire et tenir l'école » (4). A la même époque, Jean-Baptiste-Armand Truclin est maître d'école à Jouarre (5); Philibert Lebrun, sous-vicaire, est maître d'école de la paroisse Saint-Nicolas de Meaux (1525), Yves Marquet, prêtre, recteur des écoles à Melun; enfin une école est ouverte à Brie-

(1) Archives de Seine-et-Marne; inventaire des titres de La Croix-en-Brie.

(2) *Almanach du diocèse de Meaux pour* 1780, p. 161, — d'après un ancien compte de fabrique.

(3) Félix Bourquelot, *Histoire de Provins*, II, p. 112. — Cette école était dans le cloître Saint-Quiriace et la maison appartenait au roi.

(4) Archives de Seine-et-Marne, E. 1599.

(5) Archives de Seine-et-Marne, H. 534.

Comte-Robert, « attenant à l'ancienne église, place des Bourdeaulx. »

Un fait assez curieux pour le temps, mais qu'on rencontre communément au siècle suivant, c'est l'obligation imposée à un tuteur, par acte passé devant Louis Violet, notaire à Melun, le 6 décembre 1520, d'envoyer à l'école ses pupilles mineurs.

Dans la ville de Provins, l'école de la rue des Bonshommes (aujourd'hui rue de la Butte) a pour recteur Jean Gauthier en 1544 ; elle est indépendante de celle qu'entretenaient toujours les églises, ainsi qu'on le voit dans un arrêt du Conseil de 1597, portant réduction de prébendes de Notre-Dame-du-Val : « non compris, dit l'arrêt, les dignités de doyen, chantre, prévost, et les prébendes affectées au docteur théologal, aux enfants de chœur et leur maître, précepteur des grandes escolles, à la fabrice de laditte église et aux vicaires d'icelle » (1).

En 1556, — l'année même de la création d'un collège à Meaux, — les habitants de Provins résolurent aussi d'avoir leur collège pour les humanités. Maître Pierre Le Blanc, nommé principal, prit son institution du chantre de Saint-Quiriace, directeur-né des écoles de la ville (2) ; mais il ne s'installa pas sans difficulté. Malgré l'opposition que rencontrait la création nouvelle, à laquelle était affecté le produit des deux prébendes préceptoriales de Saint-Quiriace et de Notre-Dame-du-Val, outre les biens de la maladrerie de Close-Barbe, le roi finit par accorder des lettres patentes d'établissement en 1570. Déjà, Pierre Leblanc n'était plus là. Le curé du Mériot, Claude Haton, trace dans ses *Mémoires* (3) un singulier portrait de ce maître qui, de « pauvre avocat sans cause, devenu féce-cul pour vivre », chercha vainement à se marier de tous côtés et fut surnommé « l'amoureux des unze mille vierges. » De dépit, « le pauvre Le Blanc se débaucha et prit un autre état, qui fut celui de prêtrise. »

Dès 1566, Claude Moissant, chanoine de Saint-Quiriace, doyen de la chrétienté de Provins, plus tard député aux États généraux

(1) Manuscrits Ythier, *Histoire ecclésiastique*, t. II, p. 222; à la Bibliothèque publique de Provins. — Félix Bourquelot, *Histoire de Provins*, II, 128.

(2) Un arrêt du Parlement du 15 février 1653 dut encore maintenir le chantre de Saint-Quiriace dans le droit d'instituer les petites écoles à Provins et aux environs.

(3) Publiés par M. Félix Bourquelot dans la *Collection des documents inédits sur l'Histoire de France*, imp. impériale, 1857, 2 vol. in-4°. Voir *Introduction*, p. XXVII, et page 630.

de Blois, portait le titre de « rector majorum scolarum de Pruvino ».

Claude Haton rapporte encore que la ville de Provins prit à rente en 1571 la maison de Claude Barengeon, rue aux Juifs, pour installer son collège, et que le principal fut alors Me Maugis, « homme marié, venu de Nogent-sur-Seine », lequel auparavant tenait les grandes écoles au-dessus de l'église Saint-Pierre, en montant à Saint-Quiriace.

Comme toute concession émanée du pouvoir, soit civil, soit ecclésiastique, revêtait un caractère féodal, il ne faut pas trop s'étonner si l'attribution du rôle d'écolâtre résultant pour le chantre de Saint-Quiriace de la charte signée en 1176 par le comte de Champagne, fut dans la suite considérée comme un véritable fief. L'abbé Ythier, qui a laissé de volumineux manuscrits sur l'*Histoire de Provins,* conservés à la bibliothèque publique de cette ville, reproduit (t. 1er, *Histoire ecclésiastique*) un acte de foi et hommage rendu pour le *fief de scholasticité* par Claude Godelle, prêtre, chantre et chanoine de Saint-Quiriace, au roi, représentant les anciens comtes de Champagne, à cause de sa grosse tour de Provins.

Tandis que l'instruction populaire languissait aux mains du clergé, le protestantisme apparut dans la première moitié du XVIe siècle; étendant leur action promptement dans notre contrée, les novateurs ouvrent çà et là des écoles, y placent des gens plus instruits que les anciens maîtres, et dévoués, bien entendu, aux idées nouvelles.

Le clergé ne pouvait rester indifférent. Il crée aussi des recteurs, surtout à partir de 1546. Une lutte qui allait devenir sanglante s'établit entre la religion traditionnelle et les nouvelles doctrines ; l'esprit d'association s'éveille, dit M. Félix Bourquelot (1), les tendances démocratiques se montrent tour-à-tour chez les protestants et chez les ligueurs.

En juin 1546, au concile de Trente, la question d'enseignement fut largement traitée. Rappelant l'obligation imposée aux cathédrales d'entretenir une prébende destinée à former de jeunes clercs, on montra la nécessité d'en faire autant dans tous les chapitres de chanoines. Pour les églises dont le revenu était trop faible « et où il y a si petit nombre et du clergé et du peuple, qu'on ne saurait

(1) Introduction aux mémoires de Claude Haton, p. XIX.

avoir commodément la lecture en théologie », on réclama « à tout le moins un maître élu par l'évêque avec le conseil du chapitre, pour enseigner gratuitement la grammaire aux clercs et aux autres pauvres écoliers, afin que, moyennant l'aide de Dieu, ils puissent après passer à l'étude de la sainte écriture... »

Il s'agissait surtout d'assurer dans les campagnes le recrutement des prêtres, qui laissait à désirer, moins encore par le nombre que pour la valeur des sujets. Claude Haton, curé lui-même, s'exprime ainsi dans ses *Mémoires*, à la date de 1554 (1) : « Pour ce temps, y avoit par la France assez grand nombre de prebtres, et si l'accroissait-on tous les ans ; car le temps étant comme en paix, les laboureurs des villages qui avoient trois ou quatre garçons se réjouissoient d'en envoyer l'un aux escolles pour le faire prebtre, nonobstant que la plus grande part fussent vitieux et mal vivans... »

Le chroniqueur revenant plus loin sur le même sujet, trace un triste tableau des mœurs au milieu du XVIe siècle, aussi bien chez la noblesse et le clergé que parmi les gens du tiers-état (2).

Cette époque de la Renaissance, mouvementée, remuante, féconde, fut un temps de réveil pour l'instruction populaire, comme pour les lettres et les arts. L'instruction du peuple, à vrai dire, était la cause du catholicisme, intéressé à conserver sa suprématie sur l'enseignement. Un édit de 1551 prescrit aux maîtres d'école de se faire approuver avant d'exercer, et les curés recherchent des clercs dignes de leur confiance pour les placer dans les localités les plus déshéritées jusque-là. Cette sollicitude du gouvernement et du clergé était inspirée par la nécessité de combattre la réforme, à mesure qu'elle se propageait.

C'est alors qu'on trouve dans les registres du Parlement un arrêt du 7 février 1554, relatif aux écoles buissonnières soupçonnées de protestantisme (3), et cet autre arrêt rapporté dans les preuves des libertés de l'église gallicane, par lequel le Parlement de Paris, à la date du 21 octobre 1557, enjoint à tous pédagogues,

(1) 1er vol. p. 15.

(2) Mémoires de Cl. Haton, p. 90. — Voir aussi les *Plaintes et doléances du tiers-état de Provins aux Etats généraux d'Orléans en* 1560 (Bulletin des comités historiques, 1849, p. 271).

(3) Alexis Monteil : *les Français des divers états*, station XXX, notes. — On sait qu'à Troyes le maître d'école Edme fut alors fouetté aux carrefours de la ville, pour avoir admis dans sa classe des catéchismes et des livres de prières en français!

3

directeurs, demeurant hors des collèges, de mener *sous peine de la corde* leurs enfants ou écoliers à l'église, et de leur faire ouïr la messe les jours de dimanche et autres fêtes.

Le flot calviniste montait toujours.

En général, pour le pays environnant Provins, le peuple des campagnes résistait à la séduction des doctrines nouvelles, mais beaucoup de petits seigneurs et quelques gens parmi les plus éclairés s'y laissent entraîner (1). Dans les villes, la propagande est plus active. A Provins même, l'abbé de Saint-Jacques Guillaume de La Chesnaye, clerc tonsuré, sous-diacre et non prêtre, se montre partisan de l'hérésie et place dans son abbaye, pour l'instruction des moines, un précepteur ou maître d'école qui est luthérien. Après avoir exercé pendant un an et demi, ce précepteur, dénoncé par le maître des grandes écoles Le Blanc, fut appelé devant l'official de Sens, interrogé et emprisonné à l'archevêché ; cependant, il obtint sa liberté au bout de six semaines, grâce à son abbé et à quelques seigneurs du voisinage. Il ne put toutefois revenir à Provins (2). Quant à Guillaume de La Chesnaye, il se maria dans le diocèse de Chartres et finit par être pendu à Paris, sur la place Maubert.

Le diocèse de Meaux fournit aux calvinistes beaucoup plus d'adhérents que tous les pays d'alentour. Dans la ville épiscopale, sur 1.200 familles que comptait le quartier du Marché, une douzaine à peine étaient restées catholiques, et cela en dépit des mesures les plus rigoureuses.

En 1546, on s'était saisi des protestants assemblés au marché de Meaux ; le Parlement en condamna quatorze à la peine capitale, et ces malheureux furent brûlés vifs sur la place publique, au milieu du quartier qu'ils habitaient (3). Vain exemple, inutile barbarie ! Les autres ne restèrent que plus étroitement attachés à leurs croyances.

On n'avait pas encore vu de protestants se réunir publiquement dans le pays melunais, vingt-cinq ans après leur apparition à

(1) Félix Bourquelot : *Histoire de Provins.*

(2) *Mémoires de Claude Haton,* p. 55.

(3) Il existe une relation contemporaine de cet événement, pièce rare de 8 pages in-8° avec la marque de l'imprimeur Jean André à la dernière page ; elle est intitulée : « Exécution de l'arrest qui condamne 14 blasphémateurs hérétiques, avec les noms et détails de ladite exécution qui eut lieu en la ville de Meaux, le cinquiesme jour d'octobre 1546. »

Meaux. Quand l'édit d'Amboise (8 mars 1560) accorda le pardon général pour le fait de la religion nouvelle, des prêches s'ouvrirent à Brie et à Melun. Dans une assemblée de notables, tenue à Fontainebleau le 21 août de la même année, des voix officielles s'élevèrent en faveur de la réforme et de ses adeptes ; des seigneurs, des magistrats se prononcèrent dans le même sens, en promettant leur appui aux novateurs. L'abbé des bénédictins de Saint-Père de Melun, Charles de Marillac, en même temps archevêque de Vienne, n'avait pas craint de s'élever généreusement au sein de cette assemblée contre les abus de l'église romaine et contre les supplices infligés aux protestants. Cet abbé fut trouvé mort à Melun, quelques mois plus tard, — le 3 décembre 1560, — étranglé dans son lit, dit-on, après avoir soupé avec Tristan de Rostaing, seigneur de Vaux-le-Penil et confident de la reine-mère.

Un pasteur du nom de Pierre David attirait la foule aux prédications organisées par ses soins au faubourg Saint-Liesne de Melun ; il y installa des écoles pour la jeunesse : le clergé porta plainte et obtint, le 7 mars 1561, un arrêt du Parlement contre les conventicules, prêches et assemblées dans cette ville et dans ses faubourgs (1).

Les religionnaires gagnèrent la campagne, le prêche fut transféré au village de Chartrettes, mais leurs écoles se fermèrent sans être remplacées.

Aux états d'Orléans de 1560, c'est encore la noblesse, — la gentilhommerie calviniste, comme on l'appelait, — qui s'unit au tiers-état pour demander avec instance (art. 2 du 2e cahier de la noblesse) la création d'écoles paroissiales, la levée d'une contribution sur les bénéfices ecclésiastiques, pour « raisonnablement stipendier les pédagogues et gens lettrés en toutes villes et villaiges. » Elle veut aussi obliger les parents à envoyer les enfants à l'école, sous peine d'amende, et qu'« à ce titre ils soient contraints par les seigneurs ou juges ordinaires. »

L'assemblée se sépara sans rien décider à ce sujet, mais le clergé comprit le parti qu'il pourrait tirer de la réalisation d'un tel vœu. Enseigner gratuitement, c'est faire approcher du maître les enfants des artisans, des nécessiteux, dont le nombre est le plus grand ; en s'adressant à ceux qui ignorent, en formant les enfants, dans ce pays désagrégé par les luttes religieuses, on pouvait arri-

(1) M. G. Leroy : *Le Protestantisme dans le Melunais*, 1874, in-18.

ver un jour à retrouver une France unie dans sa foi, dans ses croyances et partant plus maniable (1).

L'année ne se passa pas sans qu'il fût prescrit d'envoyer les enfants aux écoles. Une ordonnance édicta de nouveau que, partout où il n'en existait pas encore, une prébende serait consacrée à l'instruction gratuite, dans chaque cathédrale ou collégiale. Le titulaire de cette prébende devait lui-même enseigner. En même temps on affecta à la fondation d'écoles le revenu des confréries existant dans beaucoup d'églises paroissiales.

Ainsi l'instruction devient obligatoire. La disposition existe, mais l'obligation rigoureuse et absolue d'envoyer les enfants aux classes était-elle applicable? Bien des villages encore restaient dépourvus de maîtres !

On temporisa, faute de pouvoir faire mieux, mais on vit alors se multiplier les écoles, — écoles catholiques bien entendu, sous la dépendance de ces prêtres que Guillaume Briçonnet, évêque de Meaux, se plaint de trouver fort ignorants et peu fidèles à la résidence (2).

Le village de Champdeuil (aujourd'hui canton de Mormant), possédait une école laïque. Les comptes de la fabrique, conservés aux archives municipales, constatent qu'en 1557-58 le *magister* recevait d'elle 12 sols tournois; en 1559-60 Pierre Moireau, magister, touche 28 sols de gages, et Jean Duval, son successeur de 1566 à 1569, perçoit quelques boisseaux de blé pour parfaire son traitement sans rien exiger des élèves. Ce Jean Duval exerçait en même temps l'office de substitut du tabellion-juré de Melun, à Champdeuil (3).

La gratuité n'était pas générale dans le voisinage de Melun. En 1563, Jean Hèbre, curé de Montgermont-lez-Pringy, fait son testament; sans fortune, il distribue le peu qu'il possède à la fabrique de son église, à des orphelins, à une religieuse du Lys; à son filleul Jehan, fils de Mathurin Vaillant, il laisse « 12 sols parisis semel, pour son escollaige de la 1re année qu'il ira à l'escolle » (4).

Le 26 novembre 1568, le roi signe une déclaration portant que

(1) Saint-Charles : *De l'enseignement primaire en Languedoc.*

(2) Mgr Allou : *Chronique des évêques de Meaux,* p. 75.

(3) Archives de la mairie de Champdeuil. Inventaire des titres de l'église de la paroisse, du 18 janvier 1585.

(4) Archives de Seine-et-Marne; B, 429.

tous ceux qui tiendront des écoles seront de religion catholique, apostolique et romaine; ce qui n'empêche pas quelques calvinistes de continuer à enseigner dans les environs de Coulommiers et à Bézu, près La Ferté-sous-Jouarre, qui avait pour seigneur le prince de Condé, chef des protestants.

Deux ans après, aux Etats-Généraux convoqués dans le royaume de Navarre, la première instruction des enfants est déclarée obligatoire sur la proposition de la reine Jeanne d'Albret.

En même temps, le concile de Malines recommande aux prêtres de contraindre les nécessiteux à envoyer leurs enfants aux classes, en les privant au besoin des secours de la charité publique.

Aux Etats de Blois de 1576, c'est encore le clergé qui insiste pour la mise en vigueur du principe de l'obligation, édicté en 1560 et déjà négligé.

Cependant cette ordonnance de 1560 devait porter des fruits. Les prébendes créées en vertu de ses prescriptions commençaient à fonctionner chez nous : Choisy-en-Brie, dont le prieur était seigneur temporel, Le Châtelet (1), seigneurie des religieuses de Poissy, et la ville de Montereau-faut-Yonne, qui avait un chapitre de chanoines, furent dotés d'écoles nouvelles.

Les bâtiments scolaires étaient, comme on pense, fort modestes. En 1578, quand les habitants de Choisy-en-Brie, pour éviter le pillage et les violences auxquels ils étaient constamment exposés de la part des gens de guerre, obtinrent du roi l'autorisation de se clore de murailles, fossés, tours, tournelles et de construire des portes, il fallut répartir entre la communauté et selon la faculté de chacun, un impôt de 2.500 livres tournois destiné à payer la dépense. On évalua chaque héritage compris dans l'enceinte; la propriété qui a le plus d'importance est l'hôtel de Me Pierre Lefebvre, chanoine de Notre-Dame du Val de Provins, entouré de 112 perches de terrain, et estimé 700 livres tournois; les écoles figurent parmi les moindres immeubles : c'est « un appentis de 2 travées de logis, couvertes en tuiles, avec une perche 1/2 de jardin; » l'évaluation ne s'élève qu'à 20 livres tournois (2).

(1) Les registres paroissiaux du Châtelet, remontant à 1569, prouvent l'existence d'un maître d'école à cette époque.

A Montereau, c'était une création, l'école du XIIIe siècle ayant depuis longtemps disparu.

(2) *Origine historique des fortifications de Choisy-en-Brie*, par M. Victor Plessier. Paris, Noblet, 1870; broch. in-8° de 23 p.

Il est question de la nouvelle école de Montereau en 1583. A cette date un examen a lieu pour l'admission d'un élève boursier au collège de Sens; la place est disputée par Jean Forget, fils d'un praticien de La Tombe-sur-Seine, qui avait « fréquenté sept ou huit mois l'école de Montereau, où il avait appris à lire et à écrire, » mais non la grammaire. Cet élève avait 14 ans; ce fut un concurrent plus jeune, mais possédant des principes de grammaire, qui obtint la bourse (1).

Il résulte des registres capitulaires de Notre-Dame de Montereau, conservés maintenant à la mairie (2), qu'en 1586 les chanoines payaient à Christophe Gourjon, greffier et maître d'école, 12 livres par an pour les enfants de chœur, auxquels il était enjoint de fréquenter la classe et le plain-chant « sur peine de punition telle qu'il appartiendra, et de faire ce qui leur sera commandé par le maistre d'écolle, le tout à l'honneur de Dieu, de l'église et à leur salut. » Dix ans plus tard, une ordonnance prescrit aux enfants de chœur d'aller tous les jours « chez M. Miger, régent des écoles de la ville, pour apprendre à lire, à écrire et la grammaire » (3).

Ce n'est pas sans difficulté qu'on obtenait des évêques et des titulaires de prébendes l'acquit de la charge imposée pour l'enseignement gratuit; mais l'édit de février 1580, intervenu sur les plaintes et remontrances du clergé assemblé à Melun (4), venait de régler la question, en respectant les droits acquis. Cet édit porte (art. 13) que « les prébendes ou le revenu d'icelles destiné à un précepteur, suivant l'article 9 de l'ordonnance d'Orléans, seront pris sur le nombre ordinaire, — une vacance se produisant, sans que le salaire du précepteur puisse être prélevé sur les revenus de l'évêque et du chapitre, auparavant ladite vacation. »

Le chapitre de chanoines de Bray, dont l'évêque avait dû réformer la conduite (5) quelques années auparavant, eut alors sa prébende préceptoriale, dont profitèrent les villages situés entre la

(1) Bulletin de la Société archéologique de Sens; t. XI, p. 163.

(2) Archives de Montereau, GG. 110.

(3) Archives de Montereau, GG. 111. — La prébende préceptoriale disparut dans la suite; la collégiale elle-même fut supprimée en 1774.

(4) *Edict du Roy sur les plainctes et remontrances du clergé de France, généralement assemblé en la ville de Melun l'an* 1579; Lyon, 1580, in-8° de 47 p.

(5) Déjà en 1543, Nicolas Cornet, chanoine de Bray, et d'autres gens d'église, s'étaient déguisés pendant le carnaval et avaient prêché un sermon « de toute joyeuseté, » composé et rimé par Cornet pour la circonstance. (Archives de l'Yonne; G, 670).

Seine et l'Yonne. De là sortit toute une pépinière de recteurs des petites écoles (1). Bientôt ces maîtres pénétrèrent dans le Montois, d'abord à Saint-Sauveur-lès-Bray et à Vimpelles, où les habitants s'étaient engagés à construire des classes et à rétribuer les titulaires, en leur abandonnant des portions de biens communaux ou au moyen d'une contribution volontaire prélevée sur le produit de chaque charrue.

Le dimanche 15 mai 1585, dit M. Delettre, historien du Montois, fut un jour de fête à Vimpelles. La place de recteur de l'école se donnait au concours : plusieurs candidats venus de Courlon et de Vinneuf se présentèrent au lutrin, et cette lutte d'un nouveau genre avait attiré beaucoup d'habitants d'alentour. Maître Gillet Moreau, de Courlon, sortit vainqueur et fut l'un des premiers instituteurs établis dans le Montois. Il répondit à la confiance des familles, ayant sans doute d'autres connaissances que celle du plain-chant.

Cet heureux début inspira le désir de suivre l'exemple de Vimpelles dans d'autres paroisses un peu importantes; de 1590 à 1600 on construisit des écoles à Thénisy, à Dontilly, à Paroy, à Sognolles, à Luisetaines. A Donnemarie, pourtant, centre plus considérable et seigneurie du chapitre Saint-Martin de Tours (2), ce n'est qu'en 1617 que l'on parvint à créer une sorte de prébende préceptoriale, confiée à un vicaire rétribué tant avec le produit des confréries qu'au moyen d'une subvention prélevée sur le revenu de l'Hôtel-Dieu. Mlle Goyet, fille du seigneur de Bécherelles, avait donné naguère une maison à l'église, pour servir de presbytère ; on en fit une école.

Dans la ville de Melun, un nouveau maître fut installé en 1589; Jacques Chapelain, prieur et chambrier du couvent de Saint-Père, venait de donner pour cet objet (3 mars) une rente de 50 livres à l'église Saint-Aspais.

(1) Dans certaines provinces, en Bretagne par exemple, le curé était qualifié de *recteur*, ici, c'est le maître d'école.

La prébende préceptoriale de Bray permit de créer de grandes et de petites écoles dans cette ville. Les premières furent qualifiées collèges dans la suite.

En 1631, Jean Léo était *principal du collège de Bray*. (Voir registres paroissiaux à la date du 25 octobre 1631).

(2) A Tours, le chapitre de St-Martin avait érigé, dès le XVe siècle, la charge de *maistre-escol* en bénéfice doté de champs, de prés, de vignes, de dîmes. Alexis Monteil cite dans son *Traité des matériaux manuscrits* (I, p. 158) un rouleau de parchemin relatif à une enquête sur les dîmes réclamées par le *maître-escol* de ce chapitre, en 1433.

Dans les paroisses dépendant du diocèse de Paris, l'ordonnance de 1560 s'appliquait aussi peu-à-peu. Des maîtres étaient placés à Moissy et à Lieusaint. Claude Mallier, seigneur de La Houssaye et de Servon, constituait le 2 février 1588, avec Marguerite de Lyonne, sa femme, une rente de cent écus sol en faveur des habitants de Servon, pour en affecter une part à l'entretien d'un maître d'école, une autre part à marier de pauvres filles et le surplus à habiller six pauvres (1).

Les tendances qui s'étaient manifestées aux états d'Orléans et reproduites dans les cahiers du tiers-état et de la noblesse lors de la tenue des états généraux de Blois, en 1576, se retrouvent dans ceux de 1588. La noblesse propose le prélèvement d'une contribution annuelle sur les bénéfices ecclésiastiques, afin de payer des « pédagogues et gens lettrés en toutes villes et villages, pour l'instruction de la pauvre jeunesse du plat pays sur la religion chrétienne, autres sciences nécessaires et bonnes mœurs... » Elle renouvelle le vœu que les parents soient tenus d'envoyer leurs enfants aux écoles, sous peine d'amende (2).

C'était l'époque de la ligue ; d'autres préoccupations tourmentaient le pays.

Quand Henri IV signa l'édit de Nantes (15 avril 1598), cette nouvelle fut accueillie comme un acte de justice et un premier pas vers la reconnaissance de la liberté des cultes. Sans accorder aux protestants les mêmes immunités qu'aux catholiques, le roi leur octroyait du moins la faculté de s'assembler dans une ville ou un bourg par bailliage ou sénéchaussée et dans les châteaux, sièges de haute justice ; il leur garantissait l'égalité des droits civils, l'admission dans les écoles, dans les hôpitaux, l'accès aux charges publiques sans formalités vexatoires. Pour les anciens co-religionnaires du Béarnais, le bienfait était capital ; mais ceux-ci ne devaient guère en jouir paisiblement.

Henri IV avait encore signé une ordonnance pour l'établissement d'une petite école dans toute communauté d'habitants, et une pénalité était prévue contre ceux qui n'y enverraient pas leurs enfants.

On vit créer de nouveaux maîtres dans un petit nombre de

(1) Michelin. *Essais historiques sur le département de Seine-et-Marne*. p. 409.
(2) Ambroise Rendu. *Essai historique sur l'instruction publique* ; Paris, 1819, in-8°.

localités, qui n'avaient pas trop souffert des derniers troubles. Excités par la présence de quelques précepteurs protestants dont le savoir faisait exception, les nouveaux venus enseignèrent l'écriture, les éléments du calcul, les principes du langage. Il arriva même, remarque M. Delettre dans son *Histoire du Montois*, que les recteurs d'écoles furent gens plus instruits que les curés ; ceux-là tentèrent de secouer le joug qui les tenait sous la domination du clergé, des conflits surgirent et les habitants prenaient ordinairement parti pour le recteur. Les plaintes des curés firent d'abord enjoindre aux maîtres d'école de s'en tenir à enseigner la lecture, l'écriture et le catéchisme ; ensuite un édit de décembre 1606 rappela que tout régent, précepteur ou maître d'école des petites villes et villages devait être approuvé par le curé et qu'il pouvait être révoqué par l'évêque.

En certains lieux, des prêtres zélés s'appliquèrent à la surveillance des classes. Mais ce contrôle semblait parfois désobligeant pour les maîtres ; il déplaisait surtout lorsque les mœurs et la valeur des curés laissaient à désirer, car les abus qui s'étaient introduits dans l'église tendaient de plus en plus à s'y répandre. Causés en partie par l'opulence des couvents, par la funeste pratique de la commende, ces abus avaient gagné les séculiers et le relâchement devenait général ; le désordre des monastères, la négligence des évêques, l'irrégularité des élections, la non résidence, la mendicité des moines, la fréquente inconduite des prêtres étaient autant de sujets de plaintes pour une fraction du clergé, restée soucieuse d'autre chose que de son influence temporelle.

M. de Montalembert, dans son *Histoire des Moines d'Occident*, avoue qu'au XVIIe siècle la corruption était extrême et la décadence profonde (1). « Faut-il s'étonner que le peuple, ignorant l'histoire, souffrant du présent sans connaître la vertu passée, ait perdu peu à peu le respect et la reconnaissance?... Par une conséquence inévitable la piété diminue et l'hostilité grandit » (2).

III.

La ligue apaisée, le calme s'était rétabli dans l'Etat. A peine parvenu au trône, Louis XIII, dans des lettres patentes relatives

(1) Préface ; chapitres VI et VII.

(2) M. Hérelle : *Documents inédits sur les Etats généraux* (Société des sciences et des arts de Vitry-le-François, 1878, p. 145).

à la gestion des biens des léproseries, ordonne qu'après la dépense nécessaire aux malades, le surplus des revenus servira à la réédification d'une ou deux maladreries ou hôpitaux en chaque bailliage ou diocèse, selon la nécessité publique; « s'il reste des deniers, dit-il, ils seront affectés à la nourriture des pauvres des lieux, à l'entretenement des enfants aux études, écoles et métiers, à marier de pauvres filles orphelines et autres œuvres charitables ».

Malheureusement, les directeurs des biens des maladreries considéraient leurs fonctions comme une sorte de bénéfice ecclésiastique, dont ils percevaient le revenu sans acquitter aucune charge. Ils s'inquiétèrent peu des nouvelles prescriptions.

Chez nous, néanmoins, la période qui s'ouvrait devait être favorable aux petites écoles.

M. de Vieupont, devenu évêque de Meaux, commença par réformer son clergé, dont le bénédictin Duplessis (1) parle dans des termes plus que vifs. Les efforts du prélat ne furent pas stériles, ils ranimèrent un zèle religieux qui se répandit en fondations pieuses de toutes sortes.

Le calvinisme persécuté, mais non abattu, relevait la tête dès que l'occasion semblait favorable ; pendant vingt ans, Jean de Vieupont s'appliqua à comprimer ces tentatives. Son successeur, Jean de Belleau, prend possession du siège épiscopal le 22 février 1626, et dès le 2 septembre de la même année, il enjoint (2) aux curés et vicaires d'enseigner eux-mêmes le catéchisme à leurs paroissiens, de veiller à ce que les maîtres d'écoles le fassent apprendre aux enfants. Plusieurs maîtres étaient encore soupçonnés d'hérésie, et non sans raison, car malgré tout le calvinisme progressait. La Ferté-sous-Jouarre ouvrait un prêche; le maréchal duc de Caumont-La Force, héritier des princes de Condé et devenu seigneur de cette ville, y appelait un ministre, qui se faisait entendre tour-à-tour dans les localités voisines. L'évêque Jean de Belleau lutta et succomba à la peine.

A son tour, le 23 juin 1637, Dominique Séguier provoque un arrêt du Parlement pour interdire au seigneur de Claye d'introduire le prêche dans ce lieu, au ministre Billot et à tous autres d'y prêcher, et à Jean de Rome, huguenot, qui tenait école, d'enseigner

(1) D. Duplessis, *Histoire du diocèse de Meaux*. — A. Carro, *Histoire de Meaux*. p. 318.

(2) Statuts synodaux ; art. 8.

la jeunesse en quelque endroit et de quelque manière que ce fût (1). Peut-être les religionnaires de Claye se soumirent, mais d'autres continuaient leurs exercices dans le voisinage. Le 19 avril 1641, M. Séguier obtient du Conseil privé du roi, cette fois, un arrêt qui défend à Pierre Cayer, maître d'école de la R. P. R., d'exercer dans le village de Lumigny, au mépris des édits, et à tous autres de l'entreprendre à l'avenir.

La seigneurie de Lumigny appartenait aussi à un protestant militant, Gaspard de Champagne comte de la Suze, qui venait d'épouser en premières noces une fille du maréchal de Châtillon, Henriette de Coligny, connue comme poète et femme galante.

L'arrêt de 1641 fut publié dans l'étendue du diocèse de Meaux sans grand résultat. Trois ans après intervint une nouvelle injonction du Conseil privé, pour empêcher Prévost et un autre maître de tenir des écoles protestantes à Lizy et à La Ferté-sous-Jouarre, sous peine de 1,000 livres d'amende et de prison. Sa Majesté ordonnait de plus au bailli de Meaux de tenir la main à l'exécution de cette mesure « à peine d'en répondre en son propre et privé nom » (2).

Lizy et La Ferté-au-Col (comme on disait alors) étaient en effet avec Meaux les principaux centres calvinistes de la contrée. A Lizy, le château appartenait à la famille d'Angennes, attachée aux idées nouvelles et qui continua à attirer des pasteurs pour les propager. De son côté, le duc de La Force ne résistait pas avec moins d'énergie. La Ferté, qui n'avait que six familles protestantes en 1623, lors de l'ouverture du prêche, en comptait près de 80 trente ans plus tard. En 1647, un imprimeur protestant de Sedan, François Chayer, vint même s'établir à La Ferté-au-Col, où il réimprima le livre deThomas des Hayons : *Les Mystères de notre Rédemption,* représentés en 4 tableaux. Cependant Chayer ne put guère rester qu'une année dans cette ville, où les persécutions devenaient plus vives : il partit pour Liège afin d'échapper à la prison. Bon nombre de ses co-religionnaires durent suivre peu-à-peu son exemple.

L'évêque Séguier, après avoir sévi contre les écoles huguenotes, s'occupa en 1654 des petites écoles catholiques ; ce fut encore pour défendre à tout clerc paroissial et à tous maîtres et maîtresses

(1) D. Duplessis ; t. Ier, p. 461.
(2) D. Duplessis ; t. Ier, p. 456 ; t. II, p. 363.

de s'ingérer à enseigner la jeunesse sans s'être préalablement présentés devant lui ou devant ses grands-vicaires, afin d'être examinés sur leur foi, leurs vie, mœurs, science et connaissances en la doctrine chrétienne. Il prescrit l'établissement de deux écoles séparées, garçons et filles, partout où faire se pourra ; il recommande à tout curé de visiter les classes « s'il ne les tient lui-même » ; pour juger de l'assiduité des maîtres et du profit que les élèves tirent des leçons, le curé, dit-il, interrogera les enfants et « les animera à bien apprendre par de petits présents d'images ou d'agnus qu'il fera à ceux qui répondront le mieux » (1).

M. de Ligny, prédécesseur de Bossuet, renouvela les prescriptions de ses devanciers, auxquels il ajouta ce paragraphe : « Nous voulons aussi que les maîtres d'école prennent certificat de vie et de mœurs des curés des paroisses dans lesquelles ils auront desservi, avant que de pouvoir être employés en d'autres, et nous enjoignons aux curés de donner leurs certificats en leur conscience, et de ne se servir d'aucun dont la vie serait scandaleuse ou suspecte. »

L'instruction ne pouvait manquer de profiter de l'élan de fondations pieuses qui signala le commencement du dix-septième siècle et se continua dans la suite, aussi bien dans les parties de la Brie et du Gâtinais dépendant des diocèses de Sens et de Paris, que dans le diocèse de Meaux.

Ce fut la marquise de Harlay-Montglat, gouvernante des enfants du roi, qui donna l'exemple. Ses ancêtres avaient été huguenots, mais ne partageant pas ce qu'elle appelait leur « fatale erreur », elle fonda dans la terre de La Ferté-Gaucher un couvent de chanoinesses régulières de l'ordre de Saint-Augustin, sous le titre Sainte-Monique ; ces religieuses devaient se dévouer à prier pour le roi et la famille royale et s'employer à l'instruction des filles.

En 1603, Blandy avait un maître d'école, récemment installé. Les registres paroissiaux nous donnent son nom, en même temps qu'ils fournissent une particularité à signaler : c'est le sacrement

(1) Les récompenses en usage chez les religieuses de la congrégation Notre-Dame, à Coulommiers, consistaient en petites médailles, dont le coin a été retrouvé en 1862 et offert par M. Achille Viré à la bibliothèque publique de cette ville.

Au XVIIIe siècle on distribuait à titre d'encouragement, dans quelques écoles, des jetons en billon où étaient figurés, d'un côté, le maître entouré de ses élèves, de l'autre les lettres de l'alphabet.

de baptême administré dans l'église à un enfant naturel, par ce magister remplaçant le curé et le vicaire absents. Voici la teneur de l'acte inscrit au registre :

« Le dix-septième jour de novembre mil six centz et trois, a esté par moy maistre d'escolle de Blandy, en l'absence de mons[r] le curé et mesmement de mons[r] le vicaire, baptisé ung filz pour Denise Songeuse, l'une des paroiessiennes de Blandy, et comme ayant reçeu de Collombe Brasier, femme juré et passé au serment pardevant mons[r] l'archediacre de Sens ou mons[r] le doyen comme elle m'a dit et affermer estre, que estant au travail de cette femme qu'elle l'a enquesté sur le serment et dam de son âme qu'elle ayt à luy dire et déclairer qui estoit le père de cest enfant, et qu'elle luy a faict reponce et affermé qu'elle alloit à Paris et qu'elle trouva en son chemin ung soldat, lequel luy promis la foy et qu'elle se estoit submisse en sa volonté, et qu'elle ne recognoist aultre à qui l'enfant appartienne sinon à luy, et qu'elle ne le congnoist aultrement; ladite Collombe me affermant et soubtenant les susdictes parolles en présences des parrains et marrainnes, ce que n'ay voulu différer luy administrer le sacrement de baptesme. A esté nommé Jam par un nommé Jam Sapin, pour le présent serviteur de Denis Masblon, et Claude Massy, et Andriene Garry, f[e] de Robert Masblon, tous demeurant à Blandy, et autres. » Signé : Liber, avec paraphe.

Et pourtant, dès 1493, l'évêque de Meaux Jean Lhuillier avait fait expresse défense de baptiser sans le secours d'un prêtre, « sauf le cas de nécessité et danger de mort ; « plus tard (1654-1734), défense fut faite aux curés, sous peine de suspension, de baptiser sans les cérémonies de l'église ; les sages-femmes étaient interrogées à l'avance sur la matière et la forme du baptême ou de l'ondoyement à la maison, pour le cas de danger de mort des nouveau-nés. Dans les diocèses de Paris et de Sens, les règlements ecclésiastiques sur le baptême étaient absolument les mêmes. Ici, un maître d'école baptise, sans même invoquer le cas de nécessité ou de danger de mort : c'est le seul exemple de ce genre que nous ayons rencontré dans les nombreux registres paroissiaux que nous avons eu l'occasion de compulser.

Dans le cours de la même année 1603, Françoise de Laval, veuve de Henri de Lenoncourt, baron de Coupvray, alors remariée au prince Louis de Rohan-Guémenée, duc de Montbazon, avait fondé près de son château de Coupvray un petit collège dit le Mont-de-Piété, pour six enfants de villageois « nés en légitime mariage, capables de servir Dieu et d'apprendre métier ; » ces enfants devaient être choisis par la fondatrice ou par sa famille dans les terres dépendant de sa seigneurie : à Coupvray, Voulangis, Bouleurs, Magny-le-Hongre et Lesches. D'abord confiée à un séculier, cette institution passa en 1631 aux mains des religieux trinitaires; les élèves y étaient entretenus, vêtus, nourris, instruits pendant cinq ans, mais ils ne devaient boire que de l'eau, afin de les habituer au travail, à l'économie et à la sobriété (1). La fondation subit dans la suite des réductions: le collège n'entretenait plus que quatre élèves en 1654 et était tout-à-fait abandonné un peu plus tard.

Pour ne point nous écarter de l'ordre chronologique, énumérons ici diverses écoles de village dont l'existence est constatée pour la première fois au commencement du XVIIe siècle.

A Chailly-en-Brie, une inscription placée dans l'église pour rappeler les fondations dues à la famille des Houdrichons, laboureurs au hameau de la Huppotte, mentionne Nicolas Houdrichon, mort le 18 février 1608, qui a laissé à cette église une maison pour servir d'école.

Une déclaration des marguilliers de Sourdun, du 10 octobre 1609, conservée aux Archives nationales, nous apprend que la fabrique fournissait au précepteur 4 setiers de blé et 18 livres tournois, pour « la sonnerie ordinaire et aider à chanter à l'église. » Le paiement des gages, quant à l'instruction des enfants, était assuré au moyen d'une fondation particulière.

Au village de Crépoil, alors siège de paroisse (aujourd'hui hameau de Cocherel), le curé Jean Perrier avait fondé une rente de 6 livres au profit du magister « pour l'angelus ; » une inscription gravée dans l'église rappelait la libéralité de ce prêtre, qui est mort chanoine de la cathédrale de Meaux en 1617.

Un peu plus tard, Marin Gillay est magister à Bois-le-Roi (1622), et l'école de Luzancy apparaît dans les registres paroissiaux, à propos de l'inhumation d'un enfant Nicolas Dubois, qui se noya dans la Marne le 24 août 1625, étant « en pension chez le maître d'école. »

On rencontre aussi le nom de Désiré Husson, « maître des écoles de Château-Landon, » dans les comptes de fabrique de la

(1) Dom Duplessis : *Histoire de l'église de Meaux.*

paroisse Saint-Tugal de cette ville pour les années 1626-1628. La fabrique ne lui payait que 4 livres de gages, la rétribution scolaire étant acquittée par les élèves. Les mêmes comptes relatent une dépense de 75 sols pour le dîner du prieur, du maître d'école et du porteur de croix à une procession qui visita Souppes, Nargis, Préfontaine et Néronville (1).

En 1628, Louis Guibert, conseiller d'Etat, seigneur de Bussy-Saint-Georges, fondait dans son château une chapelle et affectait un revenu à l'entretien du chapelain, auquel il imposait l'obligation d'enseigner aux enfants du village, particulièrement aux plus pauvres, et de les conduire le soir à l'église pour la prière (2).

L'année suivante, c'est un chanoine de Dammartin-en-Goëlle nommé Jean Rochon, qui laisse par testament (9 septembre 1629), sa maison avec un fonds permettant à quatre filles dévotes d'y vivre en commun et d'y tenir école pour les pauvres enfants de leur sexe (3).

En même temps s'établissaient sur la paroisse Saint-Quiriace de Provins, au bout de la rue des Barbeaux, des dames de l'école de Jésus, que nous verrons bientôt appelées religieuses de Notre-Dame de la Paix ou filles de la Vierge, congrégation fondée par le bienheureux Pierre Fourrier; elles venaient aussi dans le but d'instruire gratuitement la jeunesse pauvre, « tant au service de Dieu et à la doctrine chrétienne qu'à la lecture, l'écriture et les ouvrages manuels (4) »

Cinq religieuses de la même congrégation, obligées de quitter Vic en Lorraine, se fixent à Coulommiers, du consentement du duc de Longueville (5), tandis que quatre filles de la Croix, abandonnant Roye en Picardie, s'installent à Brie-Comte-Robert comme maîtresses des écoles gratuites.

En 1641, après avoir surmonté bien des difficultés (6), M. de Bellegarde, archevêque de Sens, dote Nemours de six religieuses enseignantes; cette petite communauté fut supprimée cent ans plus tard, compromise dans l'affaire de la bulle *Unigenitus*.

(1) Archives de la ville de Château-Landon, GG. 42.

(2) Michelin : *Essais historiques sur le département de Seine-et-Marne*, p. 797.

(3) D. Duplessis : *Histoire de l'église de Meaux*, II, p. 332.

(4) Archives du département de Seine-et-Marne, II, 670.

(5) Installées en 1637 à Coulommiers, rue du Haulme, ces religieuses prirent possession ensuite de l'ancien château, dit Hôtel des Salles, qu'elles habitèrent à partir de 1643.

(6) Archives du département du Loiret, A, 1361.

Quand les sœurs de Nemours avaient ouvert leur école, des bénédictines venaient d'être appelées à Moret, pour créer un couvent sous la protection de Jacqueline de Beuil, comtesse de cette ville, ancienne favorite du roi Henri IV et alors mariée au marquis de Vardes. Fondées en 1638 et encouragées par Mᵉ Claude Leblanc, conseiller aumônier du roi, chanoine et préchantre de Sens, « ayant l'institution des escholes tant grandes que petites dans le diocèse, » les bénédictines de Moret installèrent chez elles une école gratuite pour les filles, selon le but de leur institution. Tour à tour prieuré perpétuel, sous le nom de Notre-Dame-des-Anges, puis abbaye royale en 1754, par suite de la réunion du couvent de Villechasson, cette maison fut supprimée en 1785, après avoir eu 35 religieuses, entretenu des classes ouvertes sans rétribution et un pensionnat florissant. Ajoutons que le brevet du roi, prononçant l'extinction de ce monastère et la réunion de ses biens tant au prieuré de Champbenoist, près Provins, qu'à l'abbaye de Saint-Antoine de Sens (29 avril 1781), réserva une portion des anciens bâtiments de Moret pour des sœurs de charité, chargées du soin des malades et de la tenue d'une école gratuite (1).

Messire Claude Viole, seigneur de Guermantes et du Chemin, mort en 1638, avait agrandi le presbytère de sa paroisse, pour permettre au curé d'instruire les enfants ; ce fait, établi par un contrat devant Barré, notaire, du 20 mars 1639, était relaté dans une inscription sur marbre noir qu'on voyait autrefois à l'église de Guermantes et qui a été retrouvée récemment dans un égout du château.

A Lagny, Charlotte Le Bret et sa sœur, religieuses bénédictines, créent en 1641 une petite communauté, puis elles ouvrent une école gratuite dans des bâtiments achetés par leur père, Jacques Le Bret, président-trésorier de France à Paris, conseiller du roi en ses conseils d'Etat et privé.

Les villes plus importantes ne pouvaient rester en arrière, dans ce mouvement de fondations favorables à l'enseignement, que nous continuons de suivre pas à pas.

En 1644, des lettres-patentes de Louis XIV autorisent l'établissement à Melun d'un couvent d'Ursulines, filles ou femmes veuves, « pour vaquer à l'instruction des petites filles, à la piété, aux bonnes mœurs, aux honnêtes exercices et occupations de leur

(1) Archives de la ville de Moret. GG. 18.

sexe. (1) » Ce couvent, dans lequel une fille du poète J. Racine fit profession, acquit une certaine réputation, ce qui ne l'empêcha pas d'être supprimé au siècle suivant, à la suite des querelles du jansénisme.

Quatre ans plus tard, en 1648, des Ursulines sont également établies dans la ville de Meaux, pour l'instruction gratuite des « filles riches ou pauvres sans distinction, » par Hélène Boullé, veuve du navigateur Samuel de Champlain. L'évêque Dominique Séguier, qui avait favorisé cette création (2), y donna son approbation le 15 mars 1648 et obtint des lettres du roi du mois de mai 1651. Comme à Melun, les Ursulines prospérèrent promptement à Meaux et l'on y reçut des pensionnaires, ainsi que le pratiquaient déjà dans cette dernière ville les religieuses de la Visitation établies en 1631.

Le 21 août 1646, la reine Anne d'Autriche avait chargé M. Vincent (le célèbre Vincent de Paul) de lui envoyer deux sœurs de charité capables de soigner les femmes et les filles malades et de tenir école au bourg de Fontainebleau ; l'école fut ouverte en 1648 : telle est aussi l'origine de l'Hôtel-Dieu de cette localité, où florissait alors un maître d'écriture nommé Jacques de Franqueville, parent de Daniel Pintenelle, un des peintres que la reine employait

(1) Archives de l'Hôtel-Dieu de Melun : II. A, 1-4.

(2) Dès le 1er février 1648, ce prélat adressait la lettre suivante aux « gouverneur, eschevins et habitans de la ville de Meaux : »

« Messieurs,

« Depuis qu'il a plu à Dieu m'establir dans la chaire épiscopale du diocèse de Meaux, j'ay creu que mon principal soing debvoit estre de procurer le salut au peuple qu'il a comis soubs ma conduitte, ce que j'ay exécuté selon mon pouvoir par les missions que j'ay faittes tant en la ville de Meaux qu'ailleurs, et par l'establissement d'un séminaire, et par le soing que j'ay pris du collège pour l'instruction de nos enfans. Il ne reste à présent que de pourvoir à l'instruction des jeunes filles, qui est à mon advis une des choses plus importantes et plus dignes du soing épiscopal, d'aultant que, vos filles aiant reçu une bonne instruction, elles seront un jour capables, estant mères de famille, de communiquer ce bien à leurs enfants. C'est ce qui m'a fait résouldre d'escouter une proposition d'establir un monastère de religieuses Ursulines dans la ville de Meaux, ce que je ne puis sans vottre consentement, que, je m'asseure, vous donnerez volontiers pour un si saint ouvrage. C'est ce que j'attends de vous et de toutte la ville pour qui je suis obligé de veiller continuellement et d'emploier tous mes soings, ce que je feray toujours avec autant d'affection que je veux demeurer,

« Messieurs,

« Votre très-affectioné serviteur,

« D. Séguier, évêque de Meaux. »

(Collection de l'auteur).

au château. Un peu plus tard, Louis de Franqueville succéda à son père.

A Provins, de pieuses femmes constituées en communauté à l'hôtel Des Marets, instruisaient les petites filles; l'archevêque de Sens les réunit aux religieuses enseignantes de la rue des Barbeaux, lesquelles prirent la dénomination de Filles de la Vierge. Des lettres-patentes du roi leur furent accordées plus tard, en 1672.

Au mois de novembre 1649, ce sont des religieuses du tiers-ordre de Saint-Dominique de Toul qui ouvrent à Rozoy une classe gratuite pour les enfants de leur sexe; elles obtiennent, grâce à l'appui du curé François Gourmont et à l'aide des habitants, un subside annuel de 200 livres.

Des écoles mixtes existaient à Jaignes, à Ozoir-la-Ferrière, au Pin, à Torcy.

La première pierre du clocher de Jaignes est posée en 1633 par le curé Hochard, en présence de Crépin Bourgeois, maître d'école (1). A Ozoir, domaine qui passa de l'abbaye de Saint-Maur à l'archevêché de Paris, lors de la sécularisation du monastère, on pouvait lire autrefois dans l'église une inscription relatant les fondations de Louis de Courcelles, curé du lieu, chanoine d'Etampes et chapelain du roi; par son testament, du 10 août 1645, ce prêtre avait laissé à ses successeurs 50 livres de rente pour le catéchisme du dimanche et l'instruction de la jeunesse (2). Au Pin, c'est l'inscription de la cloche qui nous fournit le nom de Pierre Cahenier, maître d'école en 1650. Celui d'Antoine Pierrotin, précepteur des enfants de Torcy, se trouve mentionné dans des pièces conservées aux archives de Seine-et-Marne (3).

Le 20 avril 1650, Michel Lecomte, bourgeois de Melun, fait son testament olographe et institue à l'église Saint-Ambroise de cette ville un chapelain, chargé de célébrer des messes de fondation et spécialement obligé d'assister au convoi des pauvres, d'apprendre à lire et écrire aux enfants de la paroisse, et de leur faire le catéchisme deux fois par semaine, le tout gratuitement. Ce bienfaiteur de Saint-Ambroise, esprit indépendant autant que libéral, qui laissait au chapelain un revenu honnête, ajoutait

(1) Comptes de fabrique, conservés à Jaignes.

(2) F. de Guilhermy, *Inscriptions de la France*, IV, 409. — La pierre rappelant la fondation du curé d'Ozoir-la-Ferrière a été employée à l'édification d'une fontaine publique.

(3) Série E, n° 1,180.

une condition bonne à noter : le titulaire devait être élu par les habitants sans participation du curé, ni d'autres prêtres, ni de l'archevêque (1).

Dans un village voisin, à Vaux-le-Pénil, le maître d'école Gaspard Landrot exerçait en même temps la profession de chirurgien, qui souvent se confondait avec celle de barbier ; au mois de mars 1653, Landrot est remplacé par Louis Barlerot, chappier en l'église Saint-Aspais de Melun, reçu par les notables habitants de Vaux pour enseigner « l'écriture, l'arithmétique, la musique et autres instructions. »

Vers le même temps, le maître d'école de Château-Landon cessa de percevoir la rétribution des élèves. Jacques Galland, conseiller du roi en ses conseils et secrétaire ordinaire du Conseil d'Etat, avait pourvu en 1647 à la création d'une préceptorie dans ce bourg, à condition qu'elle serait tenue par une personne « de probité requise, » capable de « vaquer à l'instruction des jeunes enfants ès premières lettres et principes, comme leur enseigner ... la religion catholique, apostolique et romaine, et autres documents nécessaires à l'instruction d'iceux en la doctrine, bonnes mœurs et sciences humaines. » Le fondateur s'était réservé le choix du titulaire, « clerc ou lay, ainsi qu'il aviserait. » Le premier maître fut Claude Charpentier, « professeur de sciences humaines, » lequel eut dans la suite pour successeurs Jacques-François Hissery et Jean-Baptiste Villemon, maître ès-arts de l'université de Paris (2).

A Saint-Siméon, la fabrique possédait trop peu de revenus pour assurer les gages fixes d'un maître ; les habitants en état de payer y suppléaient au moyen d'une contribution supportée par tous, ayant ou non des enfants. Nous voyons le bailli de Coulommiers, à la requête du curé de Saint-Siméon, dresser la liste des habitants « cotisés pour le payement du maître d'école, clerc paroissial, » et une sentence porte que « de leur consentement, tous les particuliers inscrits payeront 8 sols par an, levés par quartier à la diligence du marguillier, lequel rendra compte de sa gestion. » Les cotisés étant au nombre de 119, les gages fixes du magister s'élevaient à 47 livres 12 sols (3).

(1) Ce testament est au rang des minutes de Guibert, notaire de Melun, à la date du 17 mai 1655.

(2) Archives de l'Hôtel-Dieu de Château-Landon, G. 1.

(3) Archives de Seine-et-Marne ; bailliage de Coulommiers, 1618.

Le prieuré des Bernardines de Provins fut transféré à Bray-sur-Seine, porte de Jaulnes, au milieu du XVIIe siècle, et prit le nom d'école de Jésus ou école Saint-Bernard ; les petites filles y furent reçues sans rétribution, grâce à la générosité de la veuve d'un prévôt de Provins, conservateur des foires de Champagne. Cette dame, Nicole Bernard, veuve d'Antoine Jueit, donna à cet effet 800 livres à prendre sur l'église de Sergines, suivant contrat du 10 octobre 1653 (1).

A la même date, on trouve le nom de Pierre Dufour, qui tenait les petites écoles de Champs-sur-Marne depuis le décès de Guillaume Legrand; ceux de Perrot, qui dirigeait l'école de Marolles-sur-Seine (2) ; de Nicolas Heullin, à la fois maître d'école et huissier royal à Hondevilliers (3).

A Dammartin-sur-Tigeaux, un maître venait aussi d'être fondé ; c'est Thonnelier, que les fabriciens dotent de 30 livres 5 sols par an comme clerc paroissial (4). A Pécy, quelques années après, l'instruction des enfants est confiée à un prêtre, institué comme chapelain du château de Beaulieu par Adrien du Drac, suivant contrat du 19 février 1659; ce chapelain jouissait du revenu de 30 arpents de terre, et les habitants lui payaient ses gages pour son service paroissial (5).

A Férolles-Attilly, une inscription funéraire existant au milieu de l'église nous apprend que Jean Verdier, curé, inhumé le 21 janvier 1662, après avoir desservi la paroisse pendant 37 ans, donna 22 liv. de rente pour « aider à avoir un maître d'école » ; malheureusement les économies du pauvre prêtre étaient insuffisantes et il fallut attendre encore 80 ans ! Ce fut un de ses successeurs, Jean Legay, mort très-âgé vers 1742, qui fonda définitivement l'école de garçons de Férolles, alors paroisse distincte d'Attilly.

Mme la présidente Pierre Viole, dont le mari avait reconstruit le château de Guermantes, institua, pendant la même année 1662,

(1) Archives de Seine-et-Marne ; insinuations des donations au bailliage de Provins.

(2) Archives de Seine-et-Marne, B, 1046 ; G, 471.

(3) Archives de Seine-et-Marne, H, 312.

(4) Archives de Seine-et-Marne; compte de fabrique pour 1662. Documents provenant du greffe de Coulommiers.

(5) Par des actes postérieurs, Adrien Leroy et le chancelier Le Tellier, seigneurs de Beaulieu, ont confirmé la fondation d'Adrien du Drac. — M. l'abbé Denis : *Essai historique et archéologique sur Pécy*, 1863, in-8°, p. 121.

deux sœurs de charité en faveur des pauvres, des malades et des enfants de ce village.

Dix ans après, Urbain Le Boiteux, maître ès-arts en l'Université de Paris et maître écrivain, venait à Melun enseigner la lecture, l'écriture, les langues grecque et latine; il remplaçait à la fois Jehan Burry, maître écrivain, et L. Levallois, précepteur pour la langue latine, dont le fils, né à Melun en novembre 1639, admis dans la Société de Jésus, a laissé plusieurs ouvrages imprimés.

Le village de Maisoncelles, près Crécy, avait alors pour maître d'école Jean Bernard, laboureur, cultivant quelques arpents de terre (1). Jacques Bruslé est maître des écoles à Compans, Augustin Devillers, « clerc d'église » et maître d'école à Villeneuve-sous-Dammartin (2); Jean Lefebure exerce à Lésigny en 1671, il se marie, meurt la même année et est remplacé par Simon Rebecque.

A Luzancy, Chantereau, *magister*, fut remplacé en 1674 par N. Frain (3). A Bois-le-Roi, c'est Jacques Pelé, auquel succéda en 1676 Jean Douynat et quelques années plus tard Jean Brindy, qui était en même temps « tisseur en toile. »

Les maîtresses laïques, pour l'éducation des filles, étaient toujours très-rares. Cependant la ville de Fontainebleau en avait une, nommée Elisabeth Quirin, laquelle exerçait déjà depuis près de vingt ans, car elle est citée dans une enquête dirigée en 1659 par le prévôt Jean Yves.

Dans la petite ville de Crécy, quatre femmes pieuses et charitables, mais laïques, frappées de l'abandon dans lequel on laissait l'instruction des jeunes filles, s'étaient réunies, mettant en commun leurs biens et se dévouant de leur personne pour commencer à combler cette lacune. Leur petite communauté, où l'on ne pouvait porter l'habit religieux ni prononcer de vœux, avait pour but la charité et l'enseignement. Les fondatrices ouvrirent rue Dame-Gille d'abord, puis rue des Huiliers, une école gratuite où elles enseignaient « la croyance et la modestie aux filles, » en leur montrant à lire et écrire; elles s'occupaient aussi de l'ornement des autels et de l'assistance des pauvres. L'évêque de Meaux constata les heureux résultats obtenus dès le début, et au mois d'avril 1676 le roi approuva la fondation (4).

(1) Archives de Seine-et-Marne : H. 333.

(2) Archives de Seine-et-Marne; minutes de Clerselier, tabellion à Villeneuve-souс-Dammartin; 1668-1670.

(3) M. l'abbé Torchet. Notice historique sur Luzancy; Coulommiers, 1860, in-8°.

(4) Archives de l'hospice de Crécy; III, A, 1.

On tira bientôt des femmes de cette maison séculière pour en organiser de semblables à Claye, à La Ferté-sous-Jouarre, à Dammartin, puis à La Ferté-Gaucher, à Varreddes, à Quincy et au faubourg Saint-Nicolas de Meaux.

A Dammartin, les princes de la maison de Condé contribuèrent à la fondation.

A La Ferté-sous-Jouarre, c'est Anne Perrin, femme de Pierre Courtin, seigneur de Tanqueux, qui pourvut en 1677 aux frais d'établissement des femmes charitables; quelques années après, leur école donnait l'instruction à 200 filles, quelques-unes de 17 à 18 ans. La direction en fut confiée un peu plus tard (1697) à des sœurs de Ste-Geneviève de Paris, dites Miramiones, du nom de leur fondatrice Mme de Miramion, dame de Rubelles, près Melun. Au temps de Bossuet les religieuses de la Ferté commencèrent à recevoir chez elles, par ordre supérieur, des enfants de protestants qu'elles devaient étroitement garder et instruire en la foi catholique (1). Dans une lettre adressée le 3 novembre 1687 par le prélat à Mme de Tanqueux, il lui mande qu'on « se plaint à La Ferté, que les sœurs mettent des baillons et des cornes aux petites filles ». « Ces châtiments, dit-il, sont bons quelquefois pour leur éviter le fouet; mais le baillon paraît un peu rude et, en un mot, il faut épargner aux filles des convertis ce qui leur donne prétexte de plainte. La douceur et la patience sont ici le seul moyen qui nous reste. »

A La Ferté-Gaucher, ce n'est qu'en 1680-1681 qu'on appela des filles charitables de Crécy pour organiser l'école gratuite créée par la libéralité de Romaine Montguillon, veuve de Nicolas Macé, ancien officier de Gaston, duc d'Orléans, et pour préparer à leurs fonctions les nouvelles maîtresses. De même qu'à Crécy, celles-ci devaient être laïques, capables d'enseigner « la crainte de Dieu, les bonnes mœurs, à lire et à écrire. » Malgré le zèle des personnes qui s'y dévouaient, quelques-unes ne répondaient que très-imparfaitement à ce programme fort simple. De bonnes mœurs, elles l'étaient; capables d'inspirer aux enfants la piété et la crainte de Dieu, il n'en faut pas douter; mais le reste?

Un de nos excellents confrères, M. Victor Plessier, député, qui

(1) On voit encore cet article de dépense figurer en 1790 au compte de la Charité de Meaux : « 7 avril, à la petite Dutoit, née protestante et élevée aux frais de l'évêque chez les Miramiones de La Ferté, 48 liv, pour l'habiller à l'occasion de sa 1re communion.

(Archives de la mairie de Meaux, G G. 114).

a fait une étude sérieuse de nos annales et d'intéressantes découvertes en fouillant le passé de notre histoire locale, rappelait récemment dans un discours de distribution de prix (1) que M. de Ligny, évêque de Meaux, visitant il y a deux siècles la ville de La Ferté-Gaucher, rédigea une ordonnance dans laquelle il s'occupa des écoles. Celle des filles était tenue par des maîtresses qui savaient à peine enseigner à lire, comme il arrivait souvent.

« Il n'y avait pour toute la ville qu'un seul maître d'écriture, qui dirigeait l'école des garçons, où les filles se rendaient pour profiter de ses leçons. M. de Ligny trouva le contact des enfants des deux sexes dangereux et prescrivit au maître de partager son temps entre les deux écoles, pour montrer aux filles séparément. Une femme de bien par excellence, animée de l'amour du prochain et ayant conscience de la dignité de son sexe, eut la générosité de consacrer une partie de sa fortune à la fondation d'une école... » C'est la fondation de Romaine Montguillon. Bossuet, successeur de l'évêque de Ligny, disposa quelques années après d'une place de maîtresse dans cette maison, en faveur de Marie Moreau, que l'écolâtre — Nicolas de Brie, prieur-curé de La Ferté-Gaucher, — crut devoir interroger pour se rendre compte de ses aptitudes. La pauvre fille « avoua franchement qu'elle ne lisait pas assez bien pour enseigner, et elle ne fut pas installée. »

L'affaire n'aboutit pas sans difficulté, il y eut à ce propos un arrêt de la cour ; on peut voir exposée dans la Bibliothèque publique de Coulommiers une lettre autographe de Bossuet, adressée à Romaine Montguillon, et qui a trait précisément à ces difficultés.

A l'époque où se créaient les communautés séculières de filles charitables, nous trouvons les noms d'André Lagravoire, maître des petites écoles à Vaux-le-Pénil (2), d'Etienne Langlois, maître d'école à La Chapelle-sur-Crécy ; de Pierre Duval, à Landoy ; d'Antoine de Brie, à Crégy, qui poursuit les habitants du village devant l'official de Meaux pour obtenir le payement de 15 livres, représentant trois quartiers de ses gages (3) ; de J. Dieu, maître d'école à Bouleurs, qui avait succédé à Antoine Dieu, son père ; de Jacques Desescoutes, *précepteur d'enfants* à Boissy-le-Châtel ;

(1) Discours prononcé... à La Ferté-Gaucher, le 10 octobre 1879 ; Coulommiers, 1879, in-8°.

(2) Archives de Seine-et-Marne, E. 1410.

(3) Archives de Seine-et-Marne, B. 381.

de Jean Deplanche, à Trilport; de Jean Govinard, à Samois. Il y avait des maîtres à Germigny-sous-Coulombs, dont on a pu dresser la liste à partir de l'année 1660 (1). A La Ferté-Gaucher, Pierre Royer, à la fois maître des écoles et organiste, prend à bail en 1668, moyennant 300 livres par an, le tabellionnage seigneurial, que son insuffisance dans la pratique l'obligea d'abandonner; à Nanteuil-sur-Marne, Pierre Nefflier était en même temps précepteur des enfants et greffier de justice. En 1670, Nefflier, âgé de 75 ans, fut remplacé par Louis Lagroue (2).

Evidemment l'école existait dans ces diverses localités à une date antérieure; c'est simplement la première trace rencontrée dans les documents écrits que nous notons au passage. Un certain nombre de nos villages furent dotés de classes à la Renaissance; mais, si les chapitres de chanoines, si les bénéficiers durent satisfaire chez eux à l'ordonnance de 1560, combien d'autres paroisses, où les chanoines et les couvents ne possédaient rien, pouvaient rester privées du même avantage? Là aussi, pourtant, on vit s'ouvrir peu à peu des écoles, grâce aux efforts des communautés d'habitants, qui fournirent aux fabriques des églises le moyen d'y pourvoir, grâce surtout à l'initiative privée, à la générosité d'un seigneur ou au dévouement d'un simple particulier.

A l'extrémité sud de notre département, vers Château-Landon, se trouve la petite paroisse de Mondreville, de tout temps peu importante et peu favorisée. Elle n'avait pas encore d'école au XVIIe siècle; les habitants en souhaitaient une, mais étaient trop pauvres pour en faire les frais, lorsque vers 1695, une fille de 20 ans, Louise Clément, née à Griselles, vint se fixer à Mondreville, se dévoua sans rétribution et sans aide au soulagement des malheureux, au soin des malades et à l'instruction. Elle rassembla les enfants dans sa maison pour leur inspirer la piété en même temps qu'elle leur apprenait à lire et à écrire, — tout ce qu'elle savait elle-même, — et cela dura quarante ans. Le 24 avril 1713, la brave fille mourut « en odeur de sainteté, » dit le curé du village, qui lui donna la sépulture dans son église.

Le 3 août 1677, on enterrait aussi dans l'église Saint-Nicolas, de Meaux, « maître » Jean Marquis, décédé octogénaire, après

(1) *Notice sur Germigny*, par M. l'abbé Bécheret. — *Bulletin de la Société d'archéologie de Seine-et-Marne*, 1870, 5e année, p. 278.
(2) Minutes de l'étude du notaire de Nanteuil-sur-Marne.

avoir tenu « très-soigneusement » l'école de la paroisse pendant quarante ans (1). A la même époque, la paroisse Saint-Martin de Meaux avait pour maître d'école Jean Brûlé (2).

A Lorrez-le-Bocage, c'est Alexandre Landelle, âgé de 29 ans, qui exerce la double fonction de magister et de commis au contrôle des exploits; il passa vers 1680 à Pont-sur-Yonne pour se livrer exclusivement à l'enseignement.

A Champeaux, un généreux habitant du nom de Pierre Brulart avait gratifié le maître d'école d'un petit revenu; le 7 avril 1679, Elisabeth Massé de La Roche, sa veuve, accrut de 100 livres les gages déjà assurés, afin d'aider le titulaire à « subsister plus commodément, avec ce que l'église peut fournir, et à condition d'instruire gratuitement tous les enfants pauvres (3). » Le 6 août de la même année, le curé et les habitants installaient Louis Mallat en qualité de maître d'école (4).

A la même époque, Augustin Delespine, originaire de Bayeux, obtient l'autorisation d'ouvrir école à Melun, d'y enseigner « les langues latine et grecque et les humanités, ainsi qu'il l'a fait à Vertheuil avec la permission du duc de La Rochefoucauld. »

En 1681, Villiers-sur-Morin, seigneurie des religieuses de Chelles, avait pour maître d'école Philippe Lobin, dont le nom nous est fourni par une sentence de l'officialité de l'évêché de Meaux. Lobin traduit devant cette juridiction un débiteur, qui refuse de lui payer certaine rétribution pour sa présence comme clerc paroissial à des enterrements et aussi des « droits d'escolage » pour cinq enfants décédés. Il obtint gain de cause comme clerc paroissial, mais l'official repoussa sa demande comme maître d'école, « attendu le laps de temps » (5). Il paraît que pour les dettes de cette nature on admettait la prescription.

Fontainebleau avait vu s'ouvrir une petite école de garçons, tenue en 1640 par Jehan Mannay, puis par un vieillard presque octogénaire, mais elle avait été promptement abandonnée; l'école de filles que nous avons mentionnée plus haut s'était mieux soutenue. Le professeur d'écriture Franqueville, gendre de Mannay,

(1) Archives de la ville de Meaux; reg. paroiss. GG. 46.

(2) Archives de la ville de Meaux; reg. paroiss. GG. 78.

(3) Archives municipales de Champeaux, G. I. — La donation de P. Brulart est aussi mentionnée sur le premier des registres de baptêmes conservés à la mairie.

(4) Registres paroissiaux de Champeaux.

(5) Archives de Seine-et-Marne; série B, supplément.

avait lui-même disparu pour faire place à Maurice Deschamps, à la fois arpenteur et maître de mathématiques, lorsqu'en 1681 un « bourgeois du bourg royal », François Paintende, présenta requête au prévôt, remontrant « qu'il serait fort utile d'avoir une personne capable d'enseigner la langue latine aux enfants, qu'on est obligé d'envoyer au loin pour s'instruire. » François Paintende offrait d'enseigner « la lecture, l'écriture, l'arithmétique et le latin jusques en philosophie » ; il demandait l'autorisation de s'établir, « même d'être interrogé préalablement si on le jugeait à propos. » Ce sont les termes de sa requête, au bas de laquelle le prévôt répond immédiatement. Le 10 mai 1681, il le reçoit « pour maître des petites écoles de Fontainebleau, lui permet de les tenir publiquement, faisant défense à quiconque de le troubler dans ledit exercice » (1).

Le 2 juillet 1697, semblable autorisation est accordée à Pierre Binard « de tenir les petites écoles de Fontainebleau, enseigner à lire, écrire et dessigner... à charge de garder les ordonnances, ce que le dit Binard, par serment de lui pris au cas requis, a promis faire... » (2).

Par un heureux hasard, la petite paroisse d'Armentières, seigneurie de l'archevêque de Paris par suite d'échange avec Catherine de Médicis, eut à cette époque un prêtre instruit et plein de dévouement, nommé Saint-Mars, qui avait naguère dirigé le collège des Trente-trois. Retiré à la campagne pour passer ses vieux jours, il fut pourvu de la modeste cure d'Armentières en 1683; trouvant le village dépourvu de maître d'école, l'ancien principal se mit à l'œuvre, donna des leçons élémentaires aux enfants et continua jusqu'à sa mort.

La paroisse de Moissy, dans le pays Melunais, était, comme Armentières, une seigneurie de l'archevêché de Paris, et c'était aussi le curé qui enseignait la lecture et l'écriture aux enfants, en 1685. A côté du village, se trouvait le château de Cramayel, doté d'une chapelle particulière au XIIIe siècle; en 1687, l'archevêque céda au seigneur de Cramayel sa terre de Moissy, sa ferme et ses dîmes, en vue de mieux doter la chapelle du château et de permettre au chapelain d'aider le curé à faire son service et de s'occuper des écoliers. Ceux-ci profitèrent peu de ces dispositions bienveillantes; le chapelain de Cramayel fut toujours un

(1-2) Archives départementales de Seine-et-Marne. — Prévôté de Fontainebleau.

prêtre étranger au diocèse et qui ne s'astreignit jamais à la résidence. On dut rechercher un précepteur laïque; en 1700, Pierre Charpentier figure comme maître d'école parmi les exempts de la paroisse; il est logé gratuitement dans une maison appartenant à l'église et cultive des terres, car il possède un cheval et une vache.

Dans la seconde moitié du XVIIe siècle, les rôles des tailles pour les paroisses de l'élection de Provins, qui sont conservés aux archives de Seine-et-Marne (1), fournissent, à propos des magisters, quelques renseignements qui doivent trouver place ici.

En 1684, Jacques Lecoq, « maître d'eschole » à Provins, paroisse Saint-Pierre, était exempté d'impôts — exceptionnellement, car en 1687 il est taxé à 8 livres 15 sols; en 1684 à Lizines, François de La Grivière, nouvellement installé, était taxé à 20 sols 6 deniers de taille; en 1687 cet impôt s'est élevé à 6 livres 10 sols; à Saint-Loup-de-Naud, Jacques Gou payait 3 livres; à Saint-Sulpice (La Chapelle-Saint-Sulpice), François Fausois, récemment venu, payait 10 sols; à Chalmaison, Philippe Duhamel, est imposé à 5 sols; à Gouaix, Nicolas Tassier paie 3 livres; à Cerneux, Pierre Guyot paie 6 deniers; à Chalautre, Charles Lacroix paie 10 sols; à Hermé, Toussaint-Henri Benoist, 8 livres, etc.

L'élection de Provins (diocèse de Sens) était encore médiocrement pourvue d'écoles ou les maîtres y étaient bien insuffisants, car en 1687 les collecteurs de Bezalles, d'Augers, de Boisdon, de Cerneux, de Sancy, de Sainte-Colombe et de Saint-Hilliers déclarent ne pouvoir signer les rôles, ne sachant pas écrire. Quant à la ville chef-lieu, qui comptait alors parmi ses enfants un académicien, — Toussaint Rose, — et d'excellents professeurs (2), sa situation était au contraire satisfaisante; outre ses grandes écoles ouvertes à la Ville-Haute, elle en avait trois petites sur les paroisses Saint-Pierre, Sainte-Croix et Saint-Ayoul, dirigées par J. Lecoq, François Charpentier et Louis Tondu.

Nous avons mentionné plus haut l'école tenue à Bouleurs (diocèse de Meaux) par la famille Dieu. Ajoutons que ce village avait aussi à la fin du XVIIe siècle une école distincte pour les filles, créée

(1) C. 173.

(2) Louis Privé, né à Provins, chanoine de Saint-Quiriace et de Saint-Nicolas, savant hellèniste, principal du collège des Grassins; Jacques de L'Œuvre, principal du collège de Provins, devint recteur du collège d'Harcourt, en 1667; Edme Ythier, docteur de Sorbonne, recteur de l'Université de Douai, mort en 1702 à Provins, où il était né.

par l'église du lieu et dirigée par deux sœurs, au moyen de 200 livres de rente léguées par Madeleine Bégat le 27 juillet 1688. Ces religieuses s'occupaient en même temps du soin des malades.

Les documents contemporains nous fournissent encore les noms de Charles Houdet, exerçant à Meaux la profession de « maître d'écriture et arithméticien » ; de Mathieu Couveux, maître d'école et chantre à l'église de Villiers-sur-Seine ; de Jean Manessier, magister à Maincy, près Melun, où il resta treize ans ; de Boquet, à Juilly.

C'est Boquet qui, en 1690, rédige d'une bonne écriture et très-correctement un bail par adjudication des terres de l'église de Juilly ; l'adjudication est passée devant le curé, et le maître d'école certifie les publications et affiches. Dans cet acte, le rédacteur a soin d'obliger le locataire à charrier « les matériaux nécessaires aux réparations et réfections tant de l'église que de la maison de l'escole » (1).

Le village de Saint-Fiacre (aujourd'hui canton de Crécy) dont le prieuré de bénédictins et le pèlerinage au tombeau du patron de la Brie étaient réputés, possédait aussi sa petite école, dans une maison provenant des libéralités de Jean Grésillon. Le curé était souvent en querelle avec les bénédictins, au sujet de leurs dîmes et de leurs droits respectifs ; dom Ansart, auteur d'une *Histoire de Saint-Fiacre* (2), rapporte un épisode peu édifiant de ces discordes : le jour de la saint Jean-Baptiste 1695, au moment où les moines et le peuple se rendaient processionnellement sur la place publique pour allumer le feu traditionnel, le curé Sibourg s'emporta, lança quelques coups de bâton et finalement ferma la porte de l'église, ce qui obligea les religieux à serrer les croix, images et bannières chez le maître d'école, qui dût bientôt après quitter la paroisse.

Le curé Sibourg ne dut pas laisser d'excellents souvenirs derrière lui.

Tout autre est la mémoire de l'abbé Chapperon de Saint-André, curé de Varreddes à la mort de Bossuet et qui devint vicaire général du diocèse de Meaux (3). Il avait desservi de 1688 à 1698 la paroisse de Bannost et, pendant son séjour dans ce vil-

(1) Archives de Seine-et-Marne ; G, 345.

(2) Dom Ansart, *Histoire de Saint-Fiacre et de son monastère* ; Paris, veuve Hérissant et Barrois, 1784, in-12. Page 287.

(3) Né à Lizy en 1654, mort à Meaux le 15 août 1740.

lage, y avait établi deux sœurs de charité, pour les malades et pour instruire sans rétribution la jeunesse des deux sexes, lui apprendre à lire, à écrire et à chanter. Malheureusement, cette fondation ne put se soutenir après la mort de la marquise de Villegagnon, dame de Bannost, qui secondait l'abbé de Saint-André. Le petit hôtel-Dieu disparut au bout de 25 ans d'existence et le revenu de la fondation fut distribué annuellement aux pauvres; la maison, dans la suite, se trouva encore affectée à une école (1).

Au moment de l'installation des sœurs de Bannost, un maître arrivait à Précy-sur-Marne pour enseigner aux enfants des deux sexes; il se nommait Jean Le Lorain et se fit installer après avoir justifié à l'évêque du diocèse de ses bonnes mœurs et d'un « savoir suffisant. »

Il était léger ce *savoir suffisant!* Et le niveau des connaissances ne pouvait pas s'élever; non-seulement on se gardait d'encourager les maîtres à élargir le cadre de l'enseignement, mais les évêques rappelaient à l'ordre ceux qui tentaient quelque innovation.

C'était aussi l'avis des intendants de province de tenir les maîtres d'école à distance respectueuse des collèges et de leurs prérogatives, comme le fils de l'artisan ou du paysan devait rester à distance du haut clergé, de la noblesse et même de la bourgeoisie.

A Paris, le programme était un peu différent, mais pas plus qu'ailleurs le marquis de Seignelay ne souffrait qu'on s'en écartât; la preuve ressort suffisamment de la lettre suivante qu'il adressait le 8 décembre 1675 au procureur général de Harlay :

« Je vous envoyai au mois de may de la présente année une lettre de cachet par laquelle S. M. ordonnait au Parlement de tenir la main à ce que les maistres d'écolles de Paris ne peussent enseigner qu'à lire, escrire et les premiers principes de la langue latine, sans pouvoir retenir aucuns de leurs escolliers après l'aage de neuf ans; et comme S. M. a esté informée que lesdits maistres d'escolles continuent d'enseigner la langue latine, la langue grecque et la rhétorique, S. M. m'a ordonné de vous dire qu'elle vouloit estre informée de ce que le Parlement a fait en conséquence de ladite lettre : je vous prie de me le faire sçavoir (2). »

(1) *Almanach historique de Meaux pour 1773*, p. 158. — *Semaine religieuse de Meaux*, 7 novembre 1874.

(2) G. Depping : *Correspondance administrative sous le règne de Louis XIV*, t. IV, p. 597.

Les évêques et les archidiacres, en visitant les écoles à leur passage dans les paroisses, s'enquéraient des mœurs et de la religion des maîtres ou *clercs laïques*, ils interdisaient ceux qui étaient coupables de débauche, de fréquentation des cabarets, de jouer du violon dans les assemblées publiques ou de tenir des jeux. Ils leur recommandaient de porter un habit décent et les cheveux courts; de l'enseignement, on ne s'occupait qu'incidemment.

Il y a loin, comme on voit, des idées de ce temps où la coupe des cheveux de l'instituteur faisait l'objet d'une réglementation, aux graves questions qui s'agitent aujourd'hui en matière d'éducation (1).

Les nouveaux convertis étaient toujours la véritable cause des attentions accordées à l'instruction populaire.

M. de Bezons, intendant de Bordeaux, écrivait en 1691 au contrôleur général qu'il préférait, ainsi que l'évêque d'Agen, employer les fonds provenant des fugitifs à l'établissement de maîtres d'école et à l'instruction des nouveaux catholiques plutôt qu'à la réparation des églises. Le contrôleur général parle dans le même sens à M. de Bâville, intendant du Languedoc : « Il ne me paraît pas d'inconvénient de retrancher les gages de consul, mais pour ceux des maîtres et maîtresses d'école, le Roy aura peine à en souffrir le retranchement (2). »

Ces maîtres, quand l'Etat en faisait les frais, étaient souvent mal payés; à Calais, le payement se trouvait en retard d'une année en 1694, et à La Rochelle, l'intendant réclame des fonds au contrôleur général, « ces sortes de payement ne pouvant être reculés davantage sans réduire ces pauvres gens-là dans la dernière misère » (3).

Cependant, dans leur sphère modeste, les maîtres d'école de campagne rendaient des services que les habitants, — de concert le plus souvent avec le curé et les fabriques d'églises, — savaient reconnaître; afin de retenir les plus aptes, on leur accordait des avantages particuliers.

A la fin du XVIIe siècle, par exemple la paroisse de Liverdy avait pour curé Damien Collandière, natif de Tournan, — un

(1) M. Pouy : *Histoire de François Faure,* évêque d'Amiens ; — *Société des antiquaires de Picardie,* 1876, 3e série, t. V, p. 178.

(2) *Correspondance des contrôleurs généraux,* publiée par M. de Boislisle ; Paris, imprimerie nationale, 1874, t. 1er, p. 239, 266, 316.

(3) *Correspondance des contrôleurs généraux,* t. 1er, p. 387.

lettré qui a laissé quelques écrits. Le 20 avril 1692, le curé Collandière rassembla les habitants et leur soumit les doléances de Louis Desmarets, maître d'école recommandable, rétribué de façon fort modique et qu'on avait « compris au rôle des tailles ainsi qu'aux autres charges de la paroisse, telles que contributions, milice, etc., quoiqu'il ne fît nul commerce et n'exerçât d'autre fonction que celle de greffier de la justice de Liverdy. » D'une voix unanime, le maître d'école fut déchargé des tailles, milice et impositions, à condition qu'il ne fît « aucun autre commerce que de tenir le greffe. »

L'année suivante, l'abbé Holdier, chanoine de Paris, en visite à Liverdy, prescrivit (18 juillet 1693) de séparer l'école des filles de celle des garçons, lesquels devaient être instruits en des lieux et à des heures différents.

Une autre fois, l'archidiacre recommande de relever les noms des paroissiens qui ne font pas leurs pâques, d'avertir au prône les parents d'envoyer leurs enfants au catéchisme et de les menacer des censures en cas de négligence (1).

Il existait alors des recteurs à Varennes et à Barbey, près Montereau : les noms d'Edme Gaudaire et d'André Marie apparaissent avec cette qualification sur les registres paroissiaux. A Montereau même, en vertu de l'arrêt du Conseil d'Etat du 1er mars 1692 relatif à l'emploi des revenus des villes (2), cent livres sont affectées aux gages du maître d'école ; rien n'était encore prévu pour une maîtresse, mais un an plus tard une fondation particulière permit d'appeler une fille pieuse pour montrer à lire et à écrire aux enfants du sexe « depuis le bas-âge jusqu'à 13 ou 14 ans ». La ville n'avait à pourvoir qu'au local, à la chambre et au lit (3) ; malheureusement, les ressources de la fondation étaient trop chétives, l'école ne put subsister.

Dans le cours des années 1692, 1695 et 1698, Bossuet établit des sœurs de la Charité, enseignantes et garde-malades, à Varreddes, à Meaux et à Mitry. A Varreddes et à Mitry, on les plaça dans de petits hospices déjà existants (4) ; à Meaux, Mme Louise de

(1) Archives de Seine-et-Marne ; G. 297.

(2) Cet arrêt autorise les villes à accorder une gratification aux personnes qui se consacrent à l'enseignement de la jeunesse et dont le travail ne produit pas de moyens d'existence suffisants.

(3) M. Paul Quesvers. — Maîtres d'école et maîtres de latin à Montereau.

(4) A Mitry, les comptes de l'Hôtel-Dieu prouvent que les enfants pauvres étaient envoyés aux petites écoles aux frais de cet établissement, moyennant 4, 5, 6, 8 et 10 sols par mois (Archives de l'Hôtel-Dieu de Mitry, E. 4, 7, 10, 13).

Vernon, veuve de Michel Payen, fournit des fonds auxquels un curé du Plessis-Placy, Jean-Baptiste Guyard, ajouta 3,000 livres, et l'évêque procura le logement dans une maison de la rue Tire-Chape, que son successeur le cardinal de Bissy devait agrandir en 1719.

Provins avait pour abbé de Saint-Jacques, dans la seconde moitié du XVIIe siècle, François d'Aligre, qui se constitua le bienfaiteur de la ville et des pauvres, fonda (1691) un établissement dans lequel 30 jeunes filles orphelines furent élevées, instruites et apprirent métier jusqu'à 18 ans ; il créa un cours gratuit de théologie en même temps qu'il ouvrit au public sa bibliothèque et celle de son père, riches de plus de 10,000 volumes.

La maison des orphelines était dans la rue du Murot, au-dessus de l'église Saint-Thibault.

En 1695 fut aussi fondé à Fontainebleau l'hôpital de la Sainte-Famille ou du Mont-Pierreux, grâce aux libéralités du roi et à la sollicitation de Mme de Montespan. On devait y recevoir les vieillards, mais il avait pour principal objet l'éducation de 60 pauvres filles orphelines, admises à 6 ou 7 ans, pour y être instruites dans la religion catholique et formées à des ouvrages manuels, couture et dentelle (1).

Saint-Brice, près Provins, avait pour curé Antoine Rayer qui dota sa paroisse d'un revenu destiné à quatre obits annuels et à l'entretien d'un maître pour instruire les enfants en la religion catholique, apostolique et romaine (2).

Le notaire Charles Savoye, de Melun, est appelé le 25 mai 1698 au château de Rubelles, par Mme Chassepot de Beaumont, dame du lieu, veuve d'un membre de la chambre des comptes, pour dresser un contrat dotant Rubelles d'une école gratuite tenue par un laïque. Le maître, auquel la donatrice assurait le logement et 150 livres de gages, devait être marié et donner de son temps, tous les jours ouvrables, trois heures le matin et trois heures l'après-midi, à apprendre aux garçons et aux filles à lire, à écrire, à prier Dieu et leur catéchisme. « Sera tenu le dit maître d'école de faire les dites instructions et enseignements gratuitement, sans rien pouvoir exiger des enfants de la paroisse; sera le dit maître d'école choisy et nommé par la fondatrice, et après son déceds, les sieurs curez de ladite paroisse choisiront des gens de probité et mariez, pour exercer avec l'agrément des seigneurs du lieu ladite

(1) Archives de l'hospice de Fontainebleau, E. 2.
(2) Archives de Seine-et-Marne, G. 348.

charge de maître d'école... » Si l'intérêt de la paroisse l'exigeait, le maître pouvait être révoqué; le nouveau titulaire était nommé par le seigneur et le curé; en cas de contestation, l'archevêque de Sens jugeait sans appel, « n'estant pas juste que les différends des particuliers puissent arrêter le cours d'un bien public » (1). En retour de sa libéralité, Mme de Rubelles demandait que les écoliers se rendissent à l'église, chaque jour, sous la conduite de leur éducateur, afin de prier Dieu pour le repos de son âme.

Dans le cours de cette même année 1698, la municipalité de Melun songea à établir au prieuré Saint-Sauveur, qui venait d'être réuni à la collégiale de Notre-Dame, une communauté de prêtres réguliers capables de tenir un collège. M. Rousseau, trésorier de France et directeur général des monnaies, natif de la ville, avait même offert des libéralités à cette intention ; mais ce fut simplement un projet, dont la seule trace existe dans une délibération municipale du 18 novembre 1698 (2).

A cette date la communauté des habitants d'Everly achète une maison pour servir d'école (3).

Il y avait aussi un magister à Fleury-en-Bière; par son testament du 4 juin 1699, Nicolas Aubraicq, curé, lui laisse un arpent de vigne, à condition de sonner les angelus du matin, du midi et du soir, à la décharge de la fabrique.

On cherchait toujours les moyens de rendre obligatoire la fréquentation des classes. Dans certaines justices seigneuriales, les actes de tutelle enjoignent aux tuteurs d'y envoyer leurs pupilles, « pour les instruire en la foi catholique, apostolique et romaine » (4). M. de Bissy, lorsqu'il n'était encore qu'évêque de Toul, avait signé une ordonnance contre les pères et mères qui négligeaient d'envoyer leurs enfants aux écoles; il privait des sacrements, « même en temps de Pâques », les contrevenants (5), et la privation des sacrements était une mesure assez sérieuse à la fin du XVIIe siècle. Cette façon d'imposer l'instruction pouvait n'être pas tout à fait

(1) M. G. Leroy. — *Almanach historique de Seine-et-Marne pour 1872*, p. 82.

(2) *Notice sur le prieuré de Saint-Sauveur de Melun*, par M. G. Leroy. Bulletin de la Société archéologique de Seine-et-Marne, t. 6, p. 71.

(3) Archives de Seine-et-Marne ; E, 994.

(4) Archives de Seine-et-Marne ; B. 82. — Seigneurie de La Haute-Maison, année 1668.

(5) Ordonnance synodale du 16 mars 1695. — M. Alexis Ott; *Un mot sur l'instruction primaire ; le maître d'école d'autrefois et l'instituteur d'aujourd'hui.*

inefficace, elle ne réussit cependant qu'à demi, et plus tard le prélat ne tenta pas de renouveler l'épreuve à Meaux.

Louis XIV, dans ses déclarations des 15 avril 1695 et 13 septembre 1698, prescrit aux hauts-justiciers de dresser chaque mois la liste des enfants ne fréquentant pas les écoles, de façon à permettre aux procureurs généraux de statuer à leur égard. On procédait par intimidation; pouvait-on aller au-delà, en considérant le nombre de localités encore dépourvues de maîtres?

« Voulons, dit le roi dans sa déclaration de 1698, que l'on établisse *autant qu'il sera possible* des maîtres et des maîtresses dans toutes les paroisses où il n'y en a point, pour instruire les enfants des deux sexes des principaux mystères de la religion catholique, apostolique et romaine, du catéchisme et des prières... comme aussi pour y apprendre à lire *et même à écrire à ceux qui pourraient en avoir besoin* » !

«.... Enjoignons à tous les pères et mères, tuteurs et autres personnes qui sont chargées de l'éducation des enfants, de les envoyer auxdites écoles et au catéchisme jusqu'à l'âge de quatorze ans.... » (1).

Les dispositions de cette ordonnance prescrivaient même d'enlever à leurs mères, à leurs familles, les enfants protestants à partir de cinq ans, afin de les placer dans les écoles catholiques.

Bossuet, qui entrait dans les moindres détails de l'administration de son diocèse, ne pouvait négliger ce point important. On peut regretter de voir la sollicitude du grand évêque éveillée par l'intérêt du prosélytisme. Il recherchait lui-même des maîtres disposés à compléter l'œuvre du révocateur de l'édit de Nantes, pour les imposer aux localités où la Réforme comptait le plus d'adeptes; mais les efforts les plus sérieux tentés pendant de longues années pour l'instruction élémentaire du peuple ne se rattachent-ils pas à ces tristes souvenirs?

A maintes reprises, Bossuet répète, dans ses instructions pastorales et dans ses ordonnances (14 septembre 1688, 1690, 1691) : « Défendons comme nous l'avons défendu... aux curés d'établir dans leurs paroisses aucun maître ou maîtresse d'école sans notre

(1) M. de Boislile, éditeur de la *Correspondance des contrôleurs généraux avec les intendants*, cite une lettre de M. de Bâville du 23 juin 1699, où il est question de l'arrêt du Parlement de Toulouse, prescrivant la tenue de registres parafés par le juge, pour dresser état des écoliers fréquentant les classes.

permission ou celle de nos vicaires généraux, conformément à l'art. 23 de nos statuts synodaux; déclarons nul et de nul effet ce qui sera fait au contraire. »

Les protestants avaient eu quelques bonnes écoles dans des villages, qui en avaient été ensuite privés et les regrettaient; on éprouvait de la difficulté à effacer ce souvenir.

Quinze ans après la révocation de l'édit de Nantes, après cette mesure qui, selon l'expression du P. Lacordaire, a déshonoré le règne glorieux de Louis XIV (1), l'évêque de Meaux s'occupait plus activement que jamais des *nouveaux convertis*. Les calvinistes nombreux de son diocèse avaient d'abord opposé de la résistance; beaucoup d'entre eux durent tout abandonner pour fuir les persécutions et ceux qui restèrent, en abjurant l'hérésie, ne paraissaient qu'à demi convaincus.

Quelques-uns partent encore en 1698.

« Le retour des nouveaux catholiques à l'église touchait sincèrement notre prélat, dit l'abbé Ledieu dans son *Journal* (2)... Dans le dessein de travailler à leur réunion avec un nouveau zèle, il envoya le s[r] abbé Chabert dans toutes les paroisses où il y a des religionnaires, dès le commencement de 1699, prendre leurs noms et facultés, en savoir le nombre, les faire aller aux instructions et les enfants à l'école. Ils se trouvèrent au nombre d'environ 2.400, répandus en 50 ou 60 paroisses. Au mois d'octobre suivant, à l'occasion d'une nouvelle déclaration du roi (3) sur l'instruction et les mariages des réunis, il leur envoya de nouveau le même abbé Chabert... Dans le même temps, c'était à Germigny le 24 octobre, il fit un mémoire de l'état en général de ces religionnaires... Ce mémoire fut envoyé à la cour fin d'octobre, et tout l'effet qu'il eut dans ce temps ce fut que trois ou quatre demoiselles mal instruites dans la religion protestante, furent enfermées aux Nouvelles-Catholiques de Paris... »

La déclaration du roi du 13 septembre, relative aux protestants qui sortaient du royaume, prononçait les galères contre les hommes et condamnait les femmes à la réclusion; de plus, elle confisquait leurs biens. Bossuet réclame aussitôt l'affectation des

(1) *Mémoires du P. Lacordaire.*

(2) *Journal de l'abbé Ledieu,* publié par l'abbé Guettée, tome Ier, p. 5.

(3) Déclaration du roi portant peine des galères contre ceux de la R. P. R. ou réunis à l'Eglise, qui sortiront du royaume sans permission; donnée à Fontainebleau le 13 septembre 1699. — Imp. in-4°.

biens d'un de ces fugitifs aux dépenses qu'exigent l'instruction de ceux qui restent et les missions qu'il organise pour les convertir et les retenir. Le ministre Pontchartrain lui répond le 9 novembre : « J'ai reçu la lettre que vous m'avez écrite concernant le nommé de Vrillac (1), de La Ferté-sous-Jouarre, qui s'est absenté et a laissé un bien assez considérable que vous voudriez appliquer aux dépenses à faire pour l'instruction des nouveaux catholiques. Mais comme la confiscation ne peut avoir lieu que quand il sera condamné, il faut attendre le jugement, après quoi je proposerai au roi selon vos intentions. »

Au mois de mars suivant, le prélat adresse à M. de Pontchartrain un nouveau mémoire, dans lequel nous relèverons les passages suivants :

« Le nombre des réunis est d'environ 2.400, répandus dans 50 ou 60 paroisses du diocèse de Meaux. Mon dessein est de pourvoir principalement et d'abord aux plus grands lieux, dont l'exemple fera plus d'effet dans le voisinage...

» A Nanteuil-lès-Meaux, où était le temple et où il y a eu 600 personnes des réunis, outre les ecclésiastiques que je pourrai envoyer de la ville de temps en temps, on y a besoin d'un vicaire chargé uniquement du soin journalier des réunis, et d'un maître et d'une maîtresse d'école.

» A La Ferté-sous-Jouarre, qui est un grand lieu, on aura besoin d'un prêtre résidant : l'école y est bien remplie, tant pour les garçons que pour les filles. Le prêtre de La Ferté sera chargé de Saâcy, qui est à une lieue, où il faudra seulement un maître d'école...

» Pour Lizy, qui est un gros bourg, j'ai pourvu en toute manière, excepté à une maîtresse d'école, qui y serait très-nécessaire.

» Il faudrait... un autre ecclésiastique pour Saint-Denis-lès-Rebais, avec un maître d'école.

» C'est en tout pour le diocèse de Meaux quatre prêtres, 3 maîtres d'école et 2 maîtresses. On peut mettre les maîtres d'école à 120 livres et les maîtresses à 100 livres... »

A ces propositions, Pontchartrain répond :

(1) C'est de Reilhac, dont le gendre, E. Lesueur, avait été ministre protestant à La Ferté, lieu de sa naissance.

« A Versailles, le 29e mars 1700.

« J'ai rendu compte au roi aujourd'hui du mémoire que vous avez donné... Sa Majesté a agréé l'établissement des maîtres et maîtresses d'école et l'imposition des sommes demandées pour cela. A l'égard des ecclésiastiques, il faut remettre cette dépense à un autre temps... » (1).

Le 16 octobre 1700, le roi étant à Fontainebleau confirmait l'article 10 de sa déclaration du 13 décembre 1698, concernant l'éducation des enfants des protestants, et le 8 mai 1715 — quelques mois avant de mourir — il renouvelait encore ses prescriptions antérieures à l'adresse des nouveaux convertis.

Berthelet, procureur fiscal du chapitre cathédral de Meaux, constate qu'avec l'autorisation du bailli, il a fait publier cette déclaration de 1715 dans la paroisse de Crégy, pour enjoindre « à tous ceux qui font profession de la religion réformée d'envoyer leurs enfants aux écoles, catéchismes et autres instructions qui se font dans les églises et paroisses où ils sont demeurant, pour la religion catholique, sous les peines portées ès-déclaration, c'est-à-dire confiscation des biens des père et mère; et, en ce qui concerne ceux qui font refus de satisfaire aux devoirs de la religion catholique, conformément à l'abjuration qu'ils ont faite : à l'égard des hommes, les galères perpétuelles et confiscation des biens; quant aux femmes, être enfermées le reste de leurs jours, avec confiscation de leurs biens (2). »

Louis XV avait à peine atteint sa majorité de 14 ans et pris en mains le gouvernement, que le duc de Bourbon, premier ministre, lui faisait signer à son tour une déclaration le 14 mai 1724 (3), en vue de continuer l'œuvre de soumission religieuse. Le duc, scandaleux amant de la duchesse de Prie, devenu persécuteur de la foi, ne comprenait pas que les violences impolitiques servaient mal la cause qu'il avait la prétention de protéger. Des émigrations se produisirent encore dans la Brie, devant la menace des galères.

(1) Il y eut des conversions de protestants achetées à prix d'argent; on a payé 6 livres par tête, prélevées sur le produit des économats (bénéfices vacants). Les dévôts eux-mêmes plaisantaient cette éloquence dorée, « moins savante que celle de Bossuet, mais bien plus persuasive. » (*Œuvres de Louis XIV*. Paris, 1806, t. VI, p. 356).

(2) Archives de Seine-et-Marne; B. 393.

(3) Voir de La Poix de Fréminville. *Traité du gouvernement des biens et affaires des communautés d'habitants*; p. 490-498.

Les écoles paroissiales paraissaient plus facilement se recruter, grâce au zèle de l'abbé de La Salle, missionnaire, fondateur des frères de la doctrine chrétienne. On commença à exiger un peu plus des maîtres; outre l'aptitute *suffisante* pour la lecture, l'écriture, le catéchisme et le plain-chant, il fut question des éléments de grammaire et des notions de calcul.

L'article 5 de la déclaration de 1724 édicta une fois de plus la création de maîtres et de maîtresses dans toutes les paroisses qui en étaient encore privées; leurs gages, à défaut d'autres revenus, étaient imposables sur les habitants, à raison de 150 livres pour un maître et de 100 livres pour une maîtresse.

Les procureurs fiscaux reçurent de nouveau mission de dresser la liste des enfants ne fréquentant pas les classes, pour être à même de sévir. Dans notre province, il en fut de cette prescription comme des précédentes; mais il paraît que l'obligation — cette fois — n'est pas restée lettre morte partout et que dans le Languedoc, dans les Cévennes, des amendes furent infligées aux parents qui n'envoyaient pas leurs enfants aux écoles (1).

On n'agissait que dans les pays où les croyances protestantes persistaient plus ardemment. Il est facile de comprendre que l'instruction obligatoire était mal venue, présentée comme un instrument de persécution par l'alliance du trône et de l'autel. Les dispositions inhumaines qui visaient les protestants révoltaient la raison; elles échouaient à l'application, et les sages mesures qui s'y trouvaient mêlées, frappées d'abord de la même impuissance, se dégagèrent difficilement de leur caractère odieux. Ce n'est qu'avec lenteur, insensiblement pour ainsi dire, qu'elles finirent par passer dans la pratique au cours du XVIIIe siècle.

Cependant les libéralités, les fondations en faveur des petites écoles se succédaient presque sans interruption, comme au siècle précédent.

Le 11 mars 1700, Jean Levé, bourgeois de Paris, avait légué à l'Hôtel-Dieu une rente de 700 livres, sur laquelle 200 livres devaient être prélevées chaque année pour l'entretien d'un maître d'école à Lésigny-en-Brie (2).

L'année suivante Mme Arnauld de Pomponne, née Catherine

(1) M. Maggiolo. — *De l'enseignement primaire dans les hautes Cévennes*; Nancy, 1879, p. 23.

(2) Archives de l'Hôtel-Dieu de Paris; 4.618-86.

Ladvocat, ouvre dans sa seigneurie une classe dont elle confie la direction à son chapelain ; dans la suite, son fils Nicolas-Simon Arnauld, marquis de Pomponne, lieutenant général dans l'Ile-de-France, ajouta à cette fondation une maison et 50 livres de rente (1).

A Dammartin-en-Goëlle, le procureur fiscal Antoine Portefin laisse en mourant à l'hôtel-Dieu de cette ville une maison qu'il possédait à Paris, sous certaines conditions qui furent jugées inacceptables (1703) ; on refusa le legs. Mais Marie Hobbe, sa veuve, transige avec le cardinal de Bissy, évêque de Meaux, et avec l'hospice de Dammartin, en abandonnant deux autres maisons situées dans cette dernière localité, rue des Barres, plus une rente de 100 livres, le tout pour servir à l'instruction de la jeunesse et à l'entretien d'un maître d'école autorisé par l'évêque, sur l'avis des administrateurs de l'hospice et des habitants. Ce maître enseigna la lecture, l'écriture et le latin (2).

En 1704, les bernardines de Bray-sur-Seine sont remplacées par des religieuses enseignantes de la congrégation de Notre-Dame. A la même époque le seigneur de Fleury-en-Bière donne un local pour l'école de Perthes, qui dépend de son domaine.

Nous avons vu déjà les habitants de Saint-Siméon s'imposer l'entretien d'un maître d'école, l'église du village ne possédant pas de revenu. Il arrivait assez fréquemment que la place, mal rétribuée, restait vacante ; en 1705, Pierre d'Assigny, seigneur des Bordes, de la Vanne et de Charcot, fit disparaître cette charge imposée à ses vassaux, en assurant lui-même le payement annuel de 50 livres au magister, et immédiatement on installa un nouveau titulaire nommé Pierre Mariot (3).

A Chaintréauville, Pierre Bertrand, bourgeois de Paris, lègue 100 livres de rente pour un recteur laïque. En 1707, M. Auget, doyen des trésoriers de France, s'acquitte envers l'église de Chamigny d'un legs de l'abbé Auget, son frère : il constitue une rente

(1) Une inscription existe dans l'église de Pomponne, qui relate cette fondation. C'est par son testament du 20 août 1721, que le marquis de Pomponne fit don d'une maison d'école pour les filles et doubla la rente de 50 livres déjà consacrée par sa famille à l'instruction des enfants des deux sexes, « jusqu'à 9 ans seulement pour les garçons. »

(2) Archives de l'Hôtel-Dieu de Dammartin ; B. 3.

(3) Ce maître occupa une maison léguée à la fabrique de l'église par le père de Pierre d'Assigny, dès le 10 mai 1670. Archives de l'hôtel-Dieu de Coulommiers, G. 2.

de 80 livres, dont 50 livres destinées au vicaire qui instruira les enfants pauvres, et, prévoyant le cas où cette condition ne serait pas remplie, il impose à la fabrique l'obligation de payer 15 livres au maître d'école, en réservant le surplus pour soulager de pauvres veuves des hameaux de Rouget et de Vaux (1).

Au mois de mars 1709, Jean Carpe, maître écrivain ayant exercé à Lyon et à Mâcon, est autorisé à enseigner à la jeunesse de Melun la lecture, l'écriture, l'arithmétique et le latin, « après avoir prêté le serment requis. »

A partir de cette année 1709, le curé de Mormant fut aidé dans ses fonctions par un vicaire, qui prit la direction des petites écoles du lieu. C'était un ancien augustin sécularisé, d'esprit assez singulier, mais populaire et qui obtenait les bonnes grâces des habitants. Le P. Nicolas Dupont, d'après les notes d'un desservant de Mormant qui fut député aux Etats-Généraux (2), allait quêter dans les fermes et dans les auberges pour les honoraires de sa première messe et chassait les couleuvres pour se nourrir; il se construisit lui-même une maisonnette en face le Griffon de la poste royale, et fut remplacé, après trente ans d'exercice, par M. Renesson.

Le 31 mars 1710, Charles Chabault, maître écrivain de Paris, devenu maître des petites écoles de Réau, désirant établir Louis-Charles Chabault, son fils, dans la ville de Melun, présente requête au lieutenant-général du bailliage, et le jour même, sur le vu des attestations du curé de Réau et des « exemples et manuscrits représentés, » l'autorisation est accordée au postulant de s'installer « maître écrivain tenant les petites écoles. »

Nous avons remarqué déjà que, dans la ville de Meaux, les modestes éducateurs de l'enfance étaient traités honorablement et que le 3 août 1677 on avait inhumé *maître* Jean Marquis dans l'église Saint-Nicolas. Ce n'était pas un cas isolé. Le 11 mai 1668, la femme de maître Viquet, tenant l'école de la paroisse Saint-Remy, avait été également enterrée dans l'église, tandis que la veuve du sieur Pognet, principal du collège, était conduite au

(1) Archives de Seine-et-Marne, G. 443.

(2) Nécrologe ou obituaire de l'église de Mormant, avec des notes sur les curés, rédigé en 1776 par Jean Thomas, curé de la paroisse. Ce recueil manuscrit, de la main de François-Janvier Beaunier, maître d'école, se trouve à la bibliothèque publique de Melun.

cimetière de Chaâge (1). Le 15 juillet 1710, François Lesné, qui avait été maître d'école sur cette paroisse de Chaâge et dirigeait alors une petite pension, vint à mourir à 42 ans; les religieux cordeliers, voulant rendre hommage à son mérite, lui donnèrent la sépulture dans leur église (2).

Un document portant cette même date de 1710 prouve qu'à Lizy l'instruction n'était pas gratuite. Sur les remontrances du prieur-curé, faisant valoir que nombre de pauvres gens sont hors d'état d'envoyer leurs enfants à l'école, le cardinal de Bissy, évêque de Meaux, ordonne qu'on dresse la liste de ces enfants pauvres « auxquels sera donnée, par le maistre ou le sous-maistre des escolles, toute l'éducation et l'instruction qu'il conviendra, moyennant quoi, et en rapportant par eux le certificat des sieurs prieur et officiers, comme ils auront enseigné lesdits pauvres, leur sera payé chacun mois par l'administrateur en charge de l'hôtel-Dieu, trois livres (3). »

Au Ménil-Amelot, une maîtresse d'école est créée en 1711 (4) par le marquis de Mauregard, Charles Amelot; à Courchamp, une école est fondée par Jean Guillemin, seigneur du village, avec 60 livres de gages pour le titulaire (5).

La paroisse de Blandy pourvue d'un maître dès les premières années du XVIIe siècle était moins heureuse cinquante ans après; elle avait perdu cet avantage en 1685; mais en 1712 nous y voyons installé François Pourchez, « maître écrivain et des écoles » (Archives départementales, E. 1469).

Un peu plus tard, la fabrique recueillit un legs de 2,000 livres de M. Gimat, qui lui permit d'appeler deux sœurs de Nevers pour soigner les malades et enseigner les petites filles. En 1736, le curé Puissant compléta cette fondation, en offrant une maison avec la somme nécessaire pour assurer la gratuité (rente de 600 livres sur les gabelles), plus 250 livres pour établir un maître d'école, soit laïque, soit ecclésiastique, capable d'apprendre aux garçons la lecture, l'écriture, l'arithmétique, le plain-chant, le latin, les céré-

(1) Archives de la ville de Meaux. Registre paroissial de Saint-Remy, 7 décembre 1646.

(2) Archives de la ville de Meaux. Registres paroissiaux de Notre-Dame-de-Chaâge.

(3) Archives de l'hôtel-Dieu de Lizy; G. 1.

(4) Archives de Seine-et-Marne, G. 294.

(5) Testament du 1er août 1711, devant Ballin, notaire à Paris.

monies de l'église et la doctrine chrétienne. En 1781-1784, le curé Becquet ajouta 100 livres de rente aux premiers fonds et remplaça les sœurs de Nevers par des filles de la charité de Sainville-en-Beauce (1).

A Evry-les-Châteaux, M. Brunet de Rancy augmente le revenu du magister ; à Chaumes, on installe trois sœurs des écoles charitables de l'Enfant-Jésus (de la rue du Cherche-Midi, à Paris (2) ; à Courtry, à Nanteau-sur-Lunain, ce sont des sœurs de la Charité.

Le 18 mars 1712 une dame charitable, Anne-Elisabeth de Saintonge, avait hypothéqué sa ferme de Collégien pour garantie d'une rente de 500 livres destinée à donner des soins aux malades et une éducation convenable aux petites filles de Lagny, ainsi qu'à celles de Thorigny, lieu de sa naissance. Suivant le désir de la donatrice, une école de filles, dirigée par des sœurs de Saint-Charles, fut installée à Lagny sous le patronage de M. de Noailles, archevêque de Paris.

Presque en même temps (14 novembre 1712 — 4 avril 1714), Jeanne-Madeleine Denisart, parisienne, pensionnaire à l'abbaye de Faremoutiers, fondait aux mêmes fins dans ce village deux sœurs de la charité de Nevers (3), avec trois cents livres de rente. Les religieuses jugèrent ce fonds insuffisant et furent presque aussitôt remplacées par des sœurs de Sainville, en faveur desquelles l'abbesse de Faremoutiers ajouta 100 livres de revenu à la fondation primitive.

A Quincy, M. François Boula, possesseur de la seigneurie, fit alors construire une nouvelle maison d'école, au nom de son jeune fils ; pour reconnaître ce bienfait, les habitants placèrent au-dessus de la porte un marbre blanc avec cette inscription : « *Pueris erudiendis scholam hanc dono, dedit nob. puer Alex. Boula, œtatis suæ anno 2°, Christi vero 1715.* »

Deux ans plus tard (1717) le président Langlois, seigneur de La Fortelle, léguait par testament 500 livres de rente pour l'entretien d'un chapelain et d'un maître d'école à Nesles-la-Gilberde ;

(1) Archives de Seine-et-Marne, H, 753, 754.

(2) Antoine Arnauld, abbé commendataire et seigneur de Chaumes de 1674 à 1698, neveu du grand Arnauld, avait précédemment consacré une rente de 54 livres au traitement de la maîtresse d'école.

(3) Dom Duplessis ; *Histoire de l'église de Meaux*, I, 241.

après son décès, ses héritiers affectèrent à la même fondation un capital de 12,400 livres (1721).

Dans le bourg de Chelles, dont l'abbaye célèbre était dirigée par Mlle d'Orléans, fille du régent, cette abbesse réunit les biens d'un petit Hôtel-Dieu à une maison qu'elle fonda pour quatre sœurs de la congrégation de Nevers, chargées du soin des pauvres et des écoles de charité destinées aux petites filles.

Ainsi les fondations se succèdent sans interruption.

A Dammartin-en-Goëlle, c'est Pierre Berthe, professeur de Sorbonne, natif du pays, qui encourage l'école et crée six bourses au collège du Plessis, à Paris (1). En 1721, Louis de Clermont, comte de Cheverny, marquis de Montglat, près Provins, gouverneur du duc de Chartres, complète une fondation antérieure, assure l'instruction des filles et le soin des malades dans ses terres de Cheverny, de Sancy et Montglat ; il appelle des religieuses de la charité du Montoir et rétribue les maîtres de façon à faire profiter de leurs leçons tous les enfants pauvres (2).

En 1724, tandis que les habitants de Montry contribuent à la reconstruction d'une école qui tombe de vétusté, ceux de la paroisse Saint-Aspais de Melun en réclament une pour les filles, les indigents ne pouvant avoir accès dans les pensionnats annexés aux couvents de la ville. Le 6 juin de la même année les dames de charité de Saint-Aspais, afin que les jeunes filles pauvres reçoivent « une éducation capable de les préserver des désordres dans lesquels la plupart vivent, » désignent une sœur de Saint-Vincent-de-Paul qui les instruira gratuitement (3).

L'année suivante, l'école capitulaire Saint-Etienne de Meaux recueille les libéralités de Mᵉ Antoine Laurent, l'un des chanoines ; entre autres choses, le donateur augmentait de 250 livres les appointements du maître de musique pour instruire les enfants de chœur, — de 300 livres les récompenses à distribuer à ces enfants, en vue de les aider dans leurs études ou pour apprendre un métier. Il voulait qu'outre les 50 livres que recevait le maître de grammaire, on lui attribuât 100 livres par an (4).

Les noms de quelques nouveaux éducateurs de la jeunesse apparaissent dans les pièces d'archives, qui nous offrent en même

(1) Testament du 28 mars 1719.
(2) Archives de Seine-et-Marne ; H, 802.
(3) Archives de la mairie de Melun, G-G. — Charité de Saint-Aspais.
(4) D. Duplessis ; *Histoire de l'église de Meaux*, II, p. 446.

temps deux faits à noter. Ainsi, Claude Marot, maître d'école de Fouju, est encouragé pécuniairement par son curé, et les enfants de la paroisse des Ecrennes ont pour précepteur Adrien Corbie, qui signe en qualité de témoin, le 27 octobre 1725, l'acte de délivrance d'un legs fait à l'église de ce village par César Baudelot, membre de l'Académie des belles-lettres.

En 1729, Dominique Favier, avocat au Parlement de Paris, laisse à l'Hôtel-Dieu de Beaumont-en-Gâtinais une rente de 75 livres, dont partie est destinée au maître d'école pour l'instruction des enfants du hameau du Ménil et de tous les enfants pauvres de la paroisse (1).

L'abbé de La Salle, lorsqu'il avait fondé en 1717 les frères des écoles chrétiennes, avait stipulé que leurs établissements seraient gratuits. Ce n'est toutefois qu'après bien des difficultés et malgré l'opposition des maîtres d'école de village, que la cour de Rome approuva son projet en 1724; l'année suivante intervenaient les lettres-patentes du roi. Aussitôt le cardinal de Bissy, successeur de Bossuet à l'évêché de Meaux et bienfaiteur des écoles gratuites, s'était mis en rapport avec l'abbé de La Salle, dont il seconda les efforts. Non seulement ce prélat introduisit dès 1729 (2) les frères à Meaux, les dotant d'une maison et d'une rente de 1.200 livres (3), mais en même temps il accroissait les revenus du séminaire et augmentait la dotation de l'école de filles fondée en 1695 dans sa ville épiscopale, par Mmes Payen, Leber et Marquelet de Rutel (4).

En 1733 il charge son vicaire général de réglementer les écoles de Lizy, où des classes pour les garçons et pour les jeunes filles sont ouvertes par ses soins le lundi 7 décembre de la même année.

C'est surtout par son testament du 2 août 1735 que le cardinal de Bissy manifesta son zèle en faveur de l'instruction populaire : il institua des maîtres de latin à La Ferté-sous-Jouarre, à La

(1) Archives de l'Hôtel-Dieu de Beaumont; G, 2. — L'école de Beaumont existait auparavant; on trouve cette mention dans un compte de l'Hôtel-Dieu pour les années 1703 à 1712 : Au nommé Amad, recteur des écoles, 40 livres pour avoir enseigné les enfants pauvres pendant huit mois (Mêmes archives, E, 18).

(2) Archives de la ville de Meaux; GG. 108.

(3) Le local primitivement affecté à l'école des frères fut insuffisant dans la suite; la ville leur concéda gratuitement (25 octobre 1761) un emplacement dans la cour de la grande maison, rue Cornillon, pour y construire une nouvelle école. (Archives de la mairie de Meaux; BB. 16).

(4) D. Duplessis; histoire de l'église de Meaux, I. page 333.

Ferté-Gaucher, à Rozoy, à Crécy, à Dammartin ; il augmenta les gages des magisters dans les paroisses de Saint-Martin et de Saint-Nicolas de Meaux (1), de Villers-les-Rigauts, des Essarts, de Poincy, ceux des maîtresses d'école de Touquin et de Dammartin. A chacune des paroisses de Lizy (2), de Crouy, de Nanteuil-lès-Meaux et de Quincy, il laissa 100 livres de revenu pour l'entretien d'une maîtresse d'école; aux Miramionnes de La Ferté-sous-Jouarre il légua 150 livres pour le noviciat d'une fille se destinant à l'enseignement, et enfin les frères des écoles chrétiennes de Meaux reçurent encore 1,000 livres, pour fournir du vin à leurs collègues qui enseignaient gratuitement les enfants pauvres de la paroisse Saint-Sulpice de Paris.

En ce qui concerne particulièrement le village de Quincy, le cardinal de Bissy avait signé le 28 avril 1734 une ordonnance où, considérant « les besoins de cette paroisse composée de 900 communiants, non compris les protestants ni les enfants, » il décidait la création d'un vicaire et d'une maîtresse d'école; défense était faite au maître d'enseigner les filles, aussi bien qu'à la maîtresse de recevoir les garçons.

Une autre ordonnance réglementa l'institution des maîtres de latin. Ceux-ci furent autorisés à toucher des honoraires, fixés par l'évêque, sur l'avis des curés et des principaux habitants. Les élèves devaient assister tous les jours à une messe basse; les leçons duraient ensuite de 8 heures 3/4 à 11 heures du matin, et de 2 à 4 heures du soir, une demi-journée de congé était accordée le mercredi et le samedi ; enfin il y avait vacances pendant tout le mois de septembre, après exercices publics et distribution de prix. Un article du règlement voulait que les écoliers s'approchassent une fois par mois du tribunal de la pénitence (3).

A Rozoy, l'école latine — comme on l'appelait — fut installée rue des Pourcelets, dans une maison donnée en 1734 par Marie

(1) Joseph de Bissy, abbé de Saint-Faron de Meaux, frère de l'évêque, a fait aussi plusieurs legs en faveur des écoles de cette ville, par son testament daté de 1747. (Archives de Maine-et-Loire ; E. 1679).

(2) A Lizy, le marquis de La Trousse ajouta 100 livres de rente pour l'école de filles. Deux sœurs de Nevers y furent appelées à la suite d'une délibération du bureau de l'hôtel-Dieu (1759 61), portant « qu'il est de toute importance que les filles, destinées à être femmes et mères, reçoivent l'éducation qui leur facilite le moyen de contenir leurs maris et de veiller sur la conduite de leurs enfants... » (Archives de l'hôtel-Dieu de Lizy, G. 2).

(3) Archives de la Ville de Meaux ; GG. 9.

Duval, veuve de Laurent Rebetz, marchand (1). A La Ferté-sous-Jouarre, la ville appropria au même usage des bâtiments appelés la Porte du Limon. A Crécy, c'est seulement en 1740, quand on transféra dans cette ville le couvent des Minimes qui existait à Fublaines, qu'on put ouvrir l'école latine; un des Pères Minimes devint professeur et dirigea un petit pensionnat, auquel Moréri donne le titre trop prétentieux de collège (2). Les conditions d'existence de cette maison sont stipulées dans une délibération du corps de ville de Crécy du 21 juin 1734 (3).

Au cours de la même année 1734 on réunit à la cure de Montceaux, près Meaux, paroisse royale assez pauvre, la chapelle sacerdotale fondée jadis par les rois de France au château de Vivier-en-Brie et donnée au XVIIe siècle au chapitre de Vincennes. Le Vivier n'était déjà plus qu'une ruine et les chanoines de Vincennes recevaient 600 livres de revenu qui étaient attachées à la chapelle, sans acquitter aucune charge. Le titre de chapelain pouvait être supprimé sans difficulté; il fallut cependant une sorte de compensation : on créa un vicaire dépendant de la cure de Fontenay-Trésigny, auquel le curé de Montceaux servit une rente de 300 livres.

Louis XV avait autorisé ces arrangements par lettres-patentes signées à Fontainebleau au mois d'octobre 1733, mais la procédure ecclésiastique dura encore huit mois; dans l'intervalle le promoteur de l'évêché remontra que depuis quinze ans la chapelle du Vivier était sans titulaire et qu'il serait juste de constituer, au moyen des 9.000 livres dont le chapitre de Vincennes avait profité, un fonds de revenu permettant d'augmenter de 200 livres le traitement du nouveau vicaire et d'affecter 200 livres à la rétribution d'un maître d'école qui apprendrait « à lire et écrire aux enfants tant du hameau du Vivier que d'autres du voisinage, dépourvus de toute instruction à cause de leur éloignement de Fontenay. » Sans doute, les chanoines de Vincennes ne se prêtèrent pas à cette combinaison, car il n'est plus question d'école dans l'ordonnance du cardinal de Bissy du 23 juin 1734 : le vicaire

(1) Archives de Seine-et-Marne ; B. 443.

(2) Il n'y eut jamais plus d'une douzaine d'élèves; le dernier régent de latin, en 1790, était Charles-Joseph Roger, qui est resté dans le pays.

On avait installé les religieux minimes à Crécy, dans le couvent qu'occupaient les religieuses bénédictines de Montdenis, lesquelles furent réunies à Meaux au couvent de Noëfort, moyennant une indemnité de 4.000 livres que leur paya l'évêque.

(3) Archives de Crécy, série B.

fut simplement chargé de dire la messe au Vivier le dimanche et les jours de fêtes, d'y prêcher et d'y faire le catéchisme aux enfants.

La même année encore, deux frères des écoles chrétiennes avaient été appelés à Fontainebleau, du consentement du roi ; ils n'y arrivèrent toutefois que le 14 février 1735, bientôt suivis d'un troisième frère, pour remplacer deux anciens magisters. Sur un terrain acheté en 1739, on leur édifia, au moyen de dons et d'offrandes, une maison d'école qui appartient aujourd'hui à la ville et a toujours conservé la même affectation (1).

En 1735 sont installées à Pontcarré deux sœurs de charité fondées le 20 février 1734, pour les malades et pour l'école ; les seigneurs du village avaient consacré à cet usage 440 livres de rente sur l'Hôtel-de-Ville de Paris, une maison, plus un revenu de 150 livres « pour les drogues et médicaments. »

L'année suivante (1736) un ancien grand-maire de Donnemarie pour le chapitre de Tours, Jean Prévost, lègue en faveur du maître des petites écoles une somme modique permettant d'apprendre gratuitement à lire et à écrire à trois jeunes garçons du pays. Trois élèves gratuits, c'était peu pour une localité de 1.000 âmes. Donnemarie avait pour curé Armand Cottereau du Coudray, auteur de quelques écrits en prose et en vers ; lié avec M. Colin des Murs, riche bourgeois, il lui montra combien l'instruction des enfants était négligée et, par son testament, M. Colin donna 12.000 livres pour acheter des biens dont le revenu servirait à l'enseignement gratuit. La ferme du Pavillon, à Dontilly, était à vendre : les intentions du testateur furent accomplies dès avant sa mort, arrivée en 1744; avec le produit de cette ferme, on put instruire gratuitement les enfants de Donnemarie et de Dontilly, entretenir pendant un certain temps deux élèves au séminaire de Sens et pourvoir encore à l'apprentissage de plusieurs adultes.

De nouvelles écoles fonctionnaient dans quelques autres villages : à Fromont, sous la direction d'Antoine Guyon ; à Courtry, grâce à un legs de Philippe Milieu, dont le testament, contesté, fut validé par arrêt de la Cour ; à Serris, à Nesles, à Ségy, à Reuil.

Antoine Debuy, fils d'un plâtrier de Crégy, tenait l'école de

(1) Les frères des écoles chrétiennes, qui avaient disparu à la Révolution, ont été réinstallés en 1817 ; deux ans après, on comptait dans cette école gratuite 5 frères et 300 élèves.

Villeneuve-le-Comte en Brie ; la paroisse de Champagne avait pour magister Antoine Sicotin, qui laissa 200 livres à la charité de Montereau (1). En 1737, les habitants de Lumigny se font autoriser à couper trente pieds d'arbres destinés à la charpente de leur maison d'école ; en même temps, à Avon, les religieux trinitaires font édifier près de l'église un bâtiment de 35 pieds de long sur 16 de large et 22 pieds de haut, pour servir d'école de charité aux pauvres filles de la paroisse (2).

Dans la ville de Lagny, l'abbé du couvent de Saint-Pierre, seigneur du comté, fait dresser par son bailli, en 1739, un règlement embrassant toutes les matières de police ; on y trouve l'injonction « aux pères, mères, tuteurs et curateurs d'envoyer leurs enfants et pupilles aux écoles et instructions chrétiennes. » Disons tout de suite que ce règlement fut renouvelé le 27 juin 1783 et homologué le 4 juin 1785 par arrêt du Parlement ; celui-ci intitulé : « Sentence de police pour l'ordre et la tranquillité publique », ne contient pas moins de 61 articles : l'article 7 reproduit l'injonction de 1739 (3).

A Moret, où nous avons vu par la lettre de l'archevêque de Sens au préchantre Geoffroy, qu'une école existait au XIIe siècle, l'instruction n'était pas très-florissante six siècles après et elle n'était plus gratuite. En 1739, les habitants déplorent l'insuffisance de Jean-Baptiste Bijot, leur maître d'école, qui touche 100 livres de gages sur les deniers communs et l'octroi, jouit de l'exemption des tailles et des charges publiques, perçoit en outre une rétribution sur les écoliers « sans excepter les pauvres qui sont en grand nombre » ; d'accord avec les gens de Saint-Mammès, ils réclament à la fois du maire, des échevins et du lieutenant général le remplacement de maître Bijot, qui, « depuis vingt ans, n'a pas su faire un élève capable d'aider père et mère, à ce point que les collecteurs aussi bien que les administrateurs de l'hôtel-Dieu sont forcés de prendre des clercs. » Le corps de ville s'exécuta, en accordant toutefois à Bijot une gratification de 200 livres pour l'aider à se pourvoir ailleurs (4). Jean-Baptiste Coquentin, qu'on

(1) Archives de l'hospice de Fontainebleau. III, B. 5.

(2) Archives du ministère des finances. Recueil manuscrit d'arrêts concernant les eaux et forêts, tome 37.

(3) Ce règlement contient la défense expresse de poser, dans la ville de Lagny, la question : « Combien vaut l'orge ? » sous peine de 30 livres d'amende.

(4) Archives municipales de Moret ; BB. 19 ; CC, 19.

lui donna pour successeur, obtint 200 livres de gages fixes, à condition de recevoir gratuitement les pauvres et les orphelins.

En 1741, à Villegruis, François Serpillon, recteur des petites écoles, dressait les actes de baptêmes, mariages et sépultures pour le curé, vieillard octogénaire qui mourut le 13 juin, sans en avoir signé aucun depuis le 1er janvier.

L'année suivante, Jean Le Gay, curé de Férolles (aujourd'hui Férolles-Attilly), succombait après avoir fondé une école dans son village (1).

La petite ville de Rebais comptait deux paroisses, Saint-Nicolas et Saint-Jean. En 1743, la première fut éteinte et réunie à la seconde, du consentement des habitants, de l'abbé des bénédictins, qui était seigneur du lieu, et de l'évêque diocésain ; des conventions intervinrent sur divers points à régler, et parmi les propositions soumises aux habitants, se trouvait un article ainsi conçu : « Sera en outre payé sur lesdits revenus au maistre d'escolle et clerc paroissial de Saint-Jean, outre ses gages ordinaires, la somme de 55 livres, à charge de faire les fonctions de clerc paroissial dans toute l'étendue du territoire de Saint-Nicolas, d'assister et chanter aux obits-hauts à la charge de la fabrique, et encore d'enseigner gratuitement les jeunes garçons de la ville et des faubourgs ou hameaux de Rebets auxquels le sieur curé donnera un certificat de pauvreté. » Cette rédaction souleva des observations de la part des marguilliers de Saint-Jean, qui demandèrent que « sur les revenus des deux fabriques, il soit permis aux marguilliers et habitants de cette paroisse de choisir pour maistre d'escolle telle personne capable qu'il leur plaira, au prix qu'ils pourront, et qu'il ne soit point dit que le maistre recevra 55 livres par an pour faire les fonctions de clerc paroissial de Saint-Nicolas... »

Le village de Sancy, près Crécy, avait aussi son magister. C'était Alexandre-Prosper Lemaire, « écrivain juré, » à qui la fabrique ne payait que 15 livres représentant la valeur de son logement. Il délaissa ce poste ingrat, pour se faire arithméticien et maître de pension à Meaux, place Saint-Maur.

En 1746, des sœurs de la Charité sont appelées à Nangis afin de diriger l'hôpital et l'école des filles. En 1749, la maréchale de Montmorency, née Harlay, laisse 200 livres de rente au recteur de

(1) L'abbé Lebeuf : *Histoire du Diocèse de Paris*, t. XIV.

l'école établie dans sa terre de Beaumont en Gâtinais, à cette condition que le choix et le changement du maître se feront toujours de concert avec le seigneur et le curé (1). Quatre ans après, Mme Desvieux, dame de Mauregard et du Ménil-Amelot, assure un revenu de 600 livres pour l'instruction des filles et le soin des malades à Mauregard (2). Une inscription fixée sur un pilier du chœur, dans l'église du Pin, nous apprend aussi que Mme L.-P. Desvieux, née Le Cousturier, avait déjà donné, par contrat devant Loyal, notaire à Torcy, du 11 décembre 1745, une rente de 58 livres 2 sols 6 deniers en vue de pourvoir à l'instruction des enfants pauvres de la paroisse du Pin. Enfin, à Villegagnon, Joseph Legé tient les petites écoles (3), succédant à François Driot qui, en 1743, cumulait cet emploi avec la profession de bourrelier (4).

La querelle du jansénisme, née au XVIIe siècle, s'était ravivée à mesure que les jésuites avaient ressaisi leur influence auprès du pouvoir. En 1727, le cardinal de Bissy avait présidé une réunion d'évêques dans laquelle furent condamnées des erreurs touchant la messe, l'eucharistie et surtout l'autorité de l'église et la primauté du pape. Prélat riche, pieux, recommandable par sa charité et par les bienfaits répandus dans son diocèse, l'évêque de Meaux se trouva néanmoins exposé à de sévères critiques à propos de l'ardeur qu'il déploya contre les jansénistes.

Les prêtres et les couvents devaient se soumettre à ses vues et donner leur approbation au formulaire rédigé autrefois sur cette grave question ; on rencontra une résistance inattendue en maints endroits : de là, ce renouvellement d'une lutte qui divisa si longtemps les membres du clergé et dont les pauvres maîtres d'école éprouvaient le contre-coup. Obligés d'enseigner le catéchisme, pour aider les curés, ils étaient parfois fort embarrassés. Tantôt le prêtre, soumis à son supérieur, déplorait les tendances jansénistes, tantôt une abbesse, — comme à Faremoutiers, — résistait, refusait de signer le formulaire et répandait des propositions réprouvées par l'évêque de Meaux.

Dans le diocèse de Sens, dont dépendait une fraction importante de notre province, c'était pis encore. Beaucoup de prêtres

(1) Archives de l'hôtel-Dieu de Beaumont ; G. 2. — Testament déposé à Me Roger, notaire à Paris, le 9 septembre 1749.
(2) Archives de Seine-et-Marne ; H. 772.
(3) Archives de Seine-et-Marne ; H. 649.
(4) Archives de Seine-et-Marne ; C. 359.

et la plupart des couvents professaient un grand respect pour les libertés de l'église gallicane et s'honoraient de partager sur ce point les sentiments des Pascal, des Bossuet, des Arnauld (1). Ce n'était pas l'avis de l'archevêque Languet de Gergy, aussi la lutte était-elle vive. Il y avait les deux catéchismes de feu M. de Gondrin et celui du nouveau prélat, animé d'un grand zèle pour la bulle Unigénitus. M. de Gondrin, en son temps, avait interdit son diocèse aux jésuites et, bien qu'il fût l'oncle de Mme de Montespan, il était mort exilé à l'abbaye de Chaumes le 20 septembre 1674 ; mais les exemplaires de ses deux catéchismes ne se trouvaient pas moins répandus un peu partout, comme ceux de M. Languet, et les enfants les prenaient au hasard. Les uns étaient prohibés, les autres imposés : le curé (2) et le maître d'école devenaient responsables des erreurs.

La censure ecclésiastique ne s'exerçait pas seulement sur le catéchisme ; tous les livres admis dans les classes (ils n'étaient pas nombreux, à la vérité) devaient être visés par l'évêque ou tout au moins par le curé de la paroisse.

Un imprimeur-libraire de Melun, Charles Ménissel, a été, lui aussi, victime de ces démêlés ; ayant imprimé et mis en vente à cinq sols, c'est-à-dire à la portée des classes peu aisées, un petit catéchisme copié sur celui de M. de Gondrin, il vit saisir l'édition chez lui, et, sur la plainte de l'archevêque Languet (3), son brevet d'imprimeur-libraire lui fut enlevé par arrêt du conseil (25 juillet 1736). On alla jusqu'à confisquer ses presses, en vertu d'ordres secrets de l'intendant, et le malheureux imprimeur, craignant pour sa liberté personnelle, disparut sans qu'on le revît dans la suite.

A l'encontre du prélat de Sens, l'archevêque de Paris Christophe de Beaumont était moliniste ; on le relégua chez les chanoines de Champeaux. Notons en passant que ce village de Champeaux était le chef-lieu d'un petit doyenné, dont les curés s'étaient eux-mêmes signalés naguère par leur communauté d'idées avec les

(1) M. Grésy, *Notice sur l'Hôtel-Dieu Saint-Nicolas de Melun.*

(2) Nombre de prêtres avaient protesté contre les innovations du catéchisme de M. Languet ; il existe des *Remontrances respectueuses* imprimées à ce sujet en 1733 (in-4° de 36 p.) et signées des curés de Saint-Liesne de Melun, de Montereau, de Féricy, du Châtelet, d'Egligny, de Marolles, etc.

(3) M. Languet était chanoine de Notre-Dame de Melun en même temps qu'archevêque de Sens ; il tenait en commende l'abbaye de Chaumes, où il institua en 1747 un petit séminaire dépendant de celui de Sens.

jansénistes ; ils avaient signé, — leur doyen en tête, desservant d'Andrezel, — une lettre à l'archevêque de Paris rétractant l'approbation qu'ils auraient pu donner à la bulle Unigenitus.

Les démêlés à propos du jansénisme firent prononcer à maintes reprises, dans notre pays, de 1727 à 1760, la privation des sacrements, les peines d'emprisonnement et d'exil. Ils motivèrent une lettre de cachet du 9 novembre 1740, enjoignant aux religieuses Annonciades de Melun de remettre à leurs parents, dans le mois, les pensionnaires dont on leur avait confié l'instruction ; cette mesure de rigueur devait entraîner trente ans plus tard la suppression définitive du monastère (1). Les Ursulines éprouvèrent le même sort.

La fermeture de ces pensionnats, où étaient placées des jeunes filles de bonne famille venant de provinces diverses et surtout de la capitale, fut plus fâcheux pour les couvents que pour la population melunaise. La ville n'était pas dépourvue d'écoles au milieu du XVIIIe siècle.

Après la saisie du catéchisme de M. de Gondrin chez le libraire Ménissel, et la suppression de l'imprimerie que ce dernier exploitait, les officiers de police redoublèrent d'activité pour surveiller l'enseignement de la jeunesse à Melun. En 1748, on obligea tous les maîtres et toutes les maîtresses à se pourvoir d'une autorisation nouvelle.

Ainsi, le 6 février, Louis-Antoine Thomelin, pourvu depuis 1726 de lettres de maîtrise pour exercer la librairie et venu récemment s'établir de Paris à Melun, se fait autoriser à ouvrir un magasin où il débitera des livres et donnera des leçons d'écriture.

Le 21 juin, Elisabeth et Véronique Couturon, âgées de 25 à 30 ans, sont admises par M. Le Tenneur, lieutenant général de police, à continuer de tenir les petites écoles en la paroisse Saint-Aspais et à prendre des pensionnaires, après avoir produit un certificat du curé, licencié de Sorbonne, attestant « qu'elles sont catholiques et se sont acquittées de leur devoir de chrétiennes dans la dernière quinzaine de Pâques. »

Le même jour et avec de semblables garanties, on autorise Charlotte-Madeleine Beau, âgé de 54 ans ; le 25 juin suivant, c'est le tour de Geneviève Sirot, âgée de 24 ans ; le 27 juin, c'est Marie Boulanger, femme de François Dubois, cavalier de la ma-

(1) 20 juin 1771.

réchaussée, âgée de 66 ans, et Jean-Baptiste Bisson, âgé de 49 ans.

Ce dernier dirigeait depuis dix ans les petites écoles de garçons, auxquels il enseignait « même le latin. »

Le 6 août 1748, Thomas Marcout, âgé de 36 ans, natif de Langres, établi également à Melun depuis dix ans, est admis à y poursuivre l'enseignement de la lecture et de l'écriture. Tous exercent dans la paroisse Saint-Aspais. Sur la paroisse Saint-Ambroise résidait L. Etienne Guichard, maître écrivain de Paris, qui s'occupait des enfants de chœur de Notre-Dame et donnait des leçons sans tenir école ouverte. Enfin, le 18 décembre, il est permis à Jean-François Beaunez (1), pourvu de lettres de maîtrise d'écrivain et arithméticien délivrées à Paris le 20 juin 1719, et ayant exercé pendant vingt ans à Rochefort, de s'établir « dans la ville et les faubourgs de Melun pour apprendre à la jeunesse l'écriture, l'arithmétique, prendre des pensionnaires, tenir école ouverte et pendre tableau. » Ici, le lieutenant de police donne acte à Beaunez de sa déclaration « qu'il est de la religion catholique, qu'il a juré fidélité au roi et s'est obligé d'élever la jeunesse dans ladite religion, » conformément aux instructions de l'intendant et de l'archevêque de Sens.

Dans cette même année 1748, aux termes d'un testament rédigé le 15 août par Simon Rozé, tabellion de la châtellenie de Bransles en Gâtinais, Marie Ballet d'Agny, veuve de Jean de Bienvenu, sieur de Bardoche, laissait à l'église de Bransles un lot de 30 arpents de terre à charge de payer 60 boisseaux de blé méteil au maître d'école, annuellement, le jour de Saint-André, pour enseigner gratuitement les pauvres et les orphelins de la paroisse (2).

A Château-Landon, Jean-Baptiste de Villemon, agréé par M. Languet de Gergy, prend le titre de « principal des écoles (3). »

Pendant sa prélature à Sens, M. Languet ne cessa d'exercer son zèle pour la réglementation des écoles. On retrouve encore quelques-unes des pièces qu'il a fait imprimer dans ce but : « Lettre d'approbation pour les maîtres d'école, suivie d'un règlement,

(1) Il était d'une famille de calligraphes. On lit sur la cloche de Lésigny-en-Brie, datée de 1735, que son parrain fut Charles Beaunez, maître écrivain, juré expert à Paris.

(2) L'école existait antérieurement à Bransles ; nous y voyons quelques années plus tôt un maître nommé Hubert Naudet, né en 1700.

(3) Archives de Château-Landon. Registres paroissiaux, GG. 48.

1728; » — « Règles pour les maîtres et les maîtresses d'école, 1730, 1733; » — Mandement pour l'enseignement du catéchisme de M. Languet, avec défense aux maîtres et maîtresses d'école d'en faire lire et d'en enseigner d'autres, 1739 (1). »

Son règlement des écoles, imprimé au dos des brevets délivrés de son temps aux maîtres et aux maîtresses, a été observé dans le diocèse de Sens jusqu'à la Révolution; il prescrivait aux précepteurs, entre autres choses, d'être soumis aux curés, de traiter les enfants avec douceur, de ne point les frapper par colère ni leur parler avec trop de rudesse, de séparer les filles des garçons, de tenir les classes ouvertes de 8 heures à 11 heures du matin et de 2 à 5 heures, l'après-midi.

C'est lui qui réunit le prieuré des Augustines de Donnemarie au couvent de Notre-Dame de Provins (1746-49). Au prieuré de Donnemarie avaient été joints précédemment (1695) l'ancien hôtel-Dieu, la maladrerie et la chapelle Saint-Laurent existant dans la même localité; sur l'ensemble des héritages de ces divers établissements, l'archevêque préleva 300 livres de revenu pour tenir lieu des biens de la maladrerie et les remit à la fabrique de Donnemarie à charge d'instruire les enfants, de soulager les pauvres et de soigner les malades (2).

Au milieu du XVIIIe siècle, nous trouvons trace de la présence d'un maître d'école à Courquetaine; c'est Jacques Bréfort, natif de Saint-Germain-lès-Couilly, mort à 27 ans, « de maladie contagieuse, » et inhumé le 20 juillet 1752 (3).

On a vu en 1724 les dames de charité de la paroisse Saint-Aspais de Melun aviser à l'instruction première des filles pauvres; le 16 avril 1753, Guillaume Dagron, élu en l'élection, et sa femme née Julien, déclarent devant le notaire Godin qu'ayant depuis longtemps l'intention de favoriser la charité des femmes de Saint-Aspais, « dont les sœurs sont non-seulement occupées à secourir les pauvres femmes malades, mais encore l'une d'elles à instruire gratuitement les jeunes filles pauvres, en leur apprenant les principes de notre sainte religion, à lire et à écrire, » ils entendent

(1) Ces pièces et quelques autres figurent au tome 20 des recueils formés par Th. Tarbé sous le titre général de *Bibliothèque d'un Senonais*, et qui appartiennent maintenant à la bibliothèque publique d'Auxerre.

(2) Archives de l'hôtel-Dieu de Donnemarie; A, 3. — Archives de Seine-et-Marne; H. 998.

(3) Registres paroissiaux de Courquetaine.

donner à cet établissement 118 livres 12 sols 6 deniers de rente au denier 40 sur les aides et gabelles (1).

Un nouveau maître d'écriture venait aussi de s'installer à Melun : c'est Jean-François Bonnée, juré expert de Paris (2).

Dans la paroisse de Dampmart, Claude Chevalier enseignait alors les enfants des deux sexes. Ayant remplacé Florent Borgnet, il est mort en fonctions après dix ans d'exercice. A défaut de local spécial, les fabriciens de l'église lui payaient 30 livres par an et il installait les classes à sa guise; c'est seulement en 1770 qu'on construisit l'école sur un terrain offert par M. de Bizemont, seigneur en partie du village. Cette maison coûta 2.400 livres payées tant par la fabrique que par les habitants (3).

Le village de Dammartin-sur-Tigeaux, que nous avons vu en possession d'une école en 1660, avait pour seigneur, un siècle plus tard, Jean-Samuël Menjot, maître ordinaire à la cour des comptes. Par son testament du 9 novembre 1757, auquel il ajouta des codiciles dix-sept ans plus tard, ce seigneur obligea ses héritiers à faire instruire gratuitement à perpétuité sept garçons et six filles de leur choix, lesquels fréquentaient l'école du mois de novembre au mois de mars; les héritiers Menjot payaient pour chacun cinq sols par mois. Le soir, au sortir de l'école, après une prière à la vierge, le maître faisait réciter un *De Profundis* pour M. Menjot père; il recevait encore cinq sols de ce chef.

En 1758, le 1er octobre, les fabriciens de Jouy-le-Châtel, d'accord avec les habitants, décident l'installation d'une maîtresse d'école et font choix de Marie-Elisabeth Térure, femme Leroi, « sauf l'agrément de l'évêque de Meaux. » Ils lui assurent la jouissance d'un local.

A Mons en Montois, l'année suivante, les habitants passent un marché moyennant 190 livres pour la construction d'une classe (4).

Le 12 février 1760 (5) M. Lallemant de Nantouillet, en fondant à l'église de ce village un salut qui devait se célébrer les jours de fête, a soin d'attribuer 3 livres pour l'assistance du maître d'école;

(1) Archives de Seine-et-Marne; B. 462.

(2) Archives de Seine-et-Marne; B. 461.

(3) Registres des délibérations du conseil de fabrique de Dampmart, conservés à la cure du lieu.

(4) Minutes de Mercier, notaire à Donnemarie; 24 juin 1759.

(5) Minutes de Dutartre, notaire à Paris.

une plaque de marbre, placée dans la chapelle de la vierge, rappelle encore cette fondation.

A Rouvres, Mme de Verville institue un recteur (1), tandis qu'au Plessis-feu-Aussous (1761) le curé Pierre Picot donne 100 livres de rente pour avoir un « maître d'école capable dans la paroisse, qui en est privée depuis 47 ans et plus (2). »

Dans la ville de Montereau-faut-Yonne, pourvue au XIIe siècle d'une école renouvelée à la renaissance, l'enseignement prospérait peu sous Louis XV. Le compte de fabrique de la paroisse Saint-Maurice pour l'année 1738 (3), ayant été examiné par M. Chatellain, vice-gérant de l'archidiacre de Sens, l'examinateur inscrit au registre la mention suivante : « Et sur ce qui nous a été représenté par les sieurs curé, marguilliers et habitants de la paroisse, qu'il étoit nécessaire tant pour le service divin, administration des sacrements, qu'instruction et éducation des enfants, d'avoir un maître d'école pour remplir lesdites fonctions ; et, comme il n'y a aucuns fonds attribués audit M[e] d'école, requéroient les sieurs curé, marguilliers et habitants qu'il fût par nous consenty que la fabrique donnât, par an, pour ce qui regarde le service de l'église et assistance aux sacrements, la somme de 50 livres. Comme cette somme n'est pas suffisante pour l'entretien et la nourriture dudit maître d'école, leur attribuons et taxons en outre, pour ses assistances au service divin ès-jours non chômés et de dévotion des paroissiens : 1° pour un grand enterrement, 10 sols ; pour un petit, 5 sols ; pour chaque service où il y aura matines, messe et vespres, 10 sols ; pour une messe simple, 5 sols, et pour chaque mariage 10 sols.... Et dans l'instant, s'est présenté devant nous Louis Mathé (4), duquel le sieur curé nous a rendu bon et suffisant témoignage, tant pour ses mœurs que pour sa littérature ; en conséquence de quoy nous lui permettons de tenir les petites écoles et lui enjoignons de se conformer aux règlements et statuts donnés par Monseigneur l'archevêque... »

Il y avait eu depuis quelque temps dans cette ville deux autres pauvres classes, dont les titulaires vivaient à grand'peine : l'une,

(1) Archives de Seine-et-Marne ; G. 343.

(2) Archives de Seine-et-Marne ; B. 381.

(3) Archives de la ville de Montereau. — GG. 91.

(4) Nommé ailleurs Mottet. Il avait exercé à Marolles-sur-Seine, où vinrent ensuite Antoine Hébert, Denis Devulaine, etc.

tenue par l'organiste de l'église, réunissait une cinquantaine d'enfants; l'autre était une petite école de latin, pour laquelle le chanoine Henrielly recevait 150 livres des deniers communs. En 1740 ce dernier alla s'établir à Paris et l'organiste Thomassin (1), resté seul, se fit aider par sa femme pour la tenue de ses classes. La ville lui devait 50 livres, à charge d'admettre gratuitement les enfants pauvres; les autres élèves payaient 6 sols à leur arrivée, 10 sols pour lire et écrire et 15 sols lorsqu'ils chiffraient. Mais la subvention de 50 livres était assez mal payée pour motiver l'intervention de l'intendant de la généralité. En 1763 Thomassin fut remplacé, après 25 ans d'exercice, par Verneau (de Montargis) qui exigea 100 livres de la ville et augmenta le taux des mois d'école, en élargissant le cadre de son enseignement; il perçut 10 sols des entrants, 15 sols pour l'écriture, 30 sols pour la géométrie, 30 sols pour le latin, 40 sols pour « l'architecture et la géographie. » De plus, il donnait des leçons particulières d'une demi heure à raison de 40 sols par mois, et du double si la leçon durait une heure (2).

Une délibération du corps municipal de Brie-Comte-Robert, datée de cette année 1763 (30 août), fournit un exemple du choix du maître d'école fait directement par les notables habitants.

Deux ans après, les habitants d'Esbly délibérant sur l'agrandissement de leur maison d'école, reçurent du curé Bernier 372 livres au nom de la fabrique, après avoir pris l'avis de M. Charlet, seigneur du village, afin de hâter l'exécution du travail, « rien n'étant plus pressant. » M. Charlet, de son côté, garantit le complément de la dépense; enfin, un propriétaire voisin autorisa la suppression d'un passage commun longeant le cimetière, pour permettre d'enclaver ce passage dans la nouvelle construction (3).

Peut-être y aurait-il lieu de mentionner à la même date (1765) la création à La Rochette, près Melun, d'une école d'agriculture pour cent enfants trouvés, confiés par le gouvernement à M. Mo-

(1) Claude Thomassin était à la fois organiste, cabaretier, collecteur et maître d'école, en 1751.

(2) Plus tard, en 1780, Louis Pattu, clerc tonsuré et licencié ès-lois, créa un pensionnat pour les arts et belles-lettres à Montereau; François Gaillat lui succéda et devint en 1788 juré-priseur au bailliage. Le pensionnat n'avait pu soutenir la concurrence d'un bon maître d'école, nommé Robert, installé en 1785.

(M. Paul Quesvers. — *Maîtres d'école et maîtres de latin à Montereau*).

(3) Archives de Seine-et-Marne, E. 1583.

reau de La Rochette, agronome et sylviculteur en correspondance avec Voltaire au sujet de ses travaux de défrichement et de peuplements forestiers. On donnait aux élèves illettrés des leçons de lecture et d'écriture, mais ce n'était pas là un établissement public d'instruction primaire.

Constatons en passant l'existence d'écoles à Lumigny (Duret, clerc et magister), à Mortcerf (Lépine), à Aubepierre (Emery), à Grandpuits, à Souppes (Caillot), à Coutevroult, à Jouy-sur-Morin, où un tisserand nommé Bazin soutient un procès à propos de la maison qu'il a acquise pour la fabrique, en vue de servir aux classes et au logement du maître (1).

Trilbardou possédait une école distincte pour les petites filles. Des procédures portées devant le bailliage de Meaux et qui se terminent en 1768 par un règlement pour l'administration de l'hôtel-Dieu de ce village, nous apprennent que la classe était ouverte dans des locaux appartenant à l'hôtel-Dieu, pour lesquels on n'avait jusque-là payé aucun loyer, bien que la fabrique eût reçu une somme suffisante pour assurer le logement de la maîtresse et la tenue des écoles fondées par M. et Mlle de Marine. Nous y voyons encore qu'aux termes de l'acte de donation, il devait être fait une distribution de prix chaque année aux élèves, et que le curé Gobert négligeait cette condition onéreuse imposée par les fondateurs.

A Messy il y avait également école de garçons et école de filles, tenues l'une par Antoine Lucet, l'autre par sa femme; tous deux y exerçaient encore après la Révolution.

En 1766, grâce à Mme Le Fouin, dame d'Arcy, veuve d'un gouverneur de Melun, un maître est institué dans la paroisse de Boissettes, où elle possédait une maison de campagne. Par acte du 6 mars, devant Delaleu, notaire à Paris, elle donne une rente de 301 livres 1 sol 8 deniers pour une école d'enfants pauvres et pour rétribuer deux chantres; plus tard, par son testament, elle ajoute 40 livres, et en 1775, Louis Maurevert, curé de Boissettes, concourt encore à l'augmentation de cette fondation (2).

Pendant la même année 1766, au moment où la suppression de l'abbaye de Saint-Père de Melun était en question, les religieux

(1) Archives de Seine-et-Marne, G. 280, 289.

(2) Un marbre placé dans l'église de Boissettes rappelle la mémoire des bienfaits de Mme Le Fouin, née Edmée-Marie-Marguerite Hattin du Buisson.

renouvellent leur engagement d'instruire gratuitement la jeunesse et d'employer deux d'entre eux à enseigner le latin, afin d'avancer les enfants dans leurs classes aussi loin que possible; « ce qui seroit, — est-il dit dans un mémoire conservé aux archives municipales, — un grand soulagement pour les chefs de famille dont les fortunes sont peu considérables; ce qui formeroit un plus grand nombre de jeunes gens pour l'état ecclésiastique ou pour le barreau, n'y ayant plus aucun collège dans la ville, qui a besoin de l'instruction de la jeunesse pour la soutenir dans tous les différents états... » (1).

Les registres de la paroisse Saint-Liesne de Melun fournissent à la date du 17 avril 1768, un document intéressant : c'est l'acte de réception d'un maître d'école. M. G. Leroy l'a rapporté dans son étude sur l'enseignement dans cette ville.

Les paroissiens assemblés au banc d'œuvre à l'issue de la messe, après avertissement au prône et appel au son de la cloche, reçoivent et installent Jean-Baptiste Bona, auquel ils assurent « un fixe honnête, » soit 100 livres par an. Le curé contribue pour 3 setiers de grain tel qu'il le reçoit des gros décimateurs, plus 30 livres en argent; la fabrique offre 24 livres, et les habitants complètent les gages. Il est convenu en outre que le maître d'école pourra réclamer 8 sols de salaire mensuel, par « chaque enfant qui commence, » 15 sols pour l'écriture et 20 sols de ceux qui abordent le calcul.

La ville de Melun s'attendait depuis un certain temps à la suppression de ses deux monastères d'Ursulines et d'Annonciades, qui avaient eu des pensionnats florissants, fermés déjà par ordre de l'autorité ecclésiastique. Cette suppression fut ordonnée, malgré l'opposition des habitants, et en 1772 les biens des deux communautés, ayant été confisqués, passèrent en partie à l'hôpital Saint-Nicolas, où s'installèrent six sœurs de la congrégation de Nevers pour le soin des malades, l'enseignement gratuit des pauvres filles et aussi pour ouvrir un pensionnat (2).

(1) Archives de Melun, fonds de Saint-Père; série GG.

(2) Une lettre de la sœur Ursule adressée à M. Tarbé, officier municipal de Melun en 1791, contient quelques renseignements sur l'établissement d'instruction de Saint-Nicolas. La classe gratuite des externes comptait alors 70 à 80 enfants des diverses paroisses de la ville et même des campagnes voisines. Deux maîtresses dirigeaient cette classe, où l'enseignement était le même que pour les pensionnaires, sauf la géographie et l'histoire que les externes n'apprenaient pas. Les internes n'étaient pas nombreuses; il y en avait 6, payant chacune 120 livres.

L'institut des frères des écoles chrétiennes, dont la maison principale de Rouen devenait insuffisante, demanda alors à acquérir les bâtiments que les Ursulines venaient d'abandonner à Melun. Le supérieur voulait y transférer le siège de sa congrégation, avec noviciat et maison de retraite ; les pourparlers durèrent cinq ans, et, en attendant l'issue des négociations, le maire et les échevins offrirent un logement pour deux frères, avec 600 livres de revenu, en vue de donner immédiatement l'enseignement gratuit aux garçons pauvres : l'offre fut acceptée. Enfin, le 6 juillet 1778, en vertu d'un contrat devant Bourcier, notaire à Paris (1), le frère Agathon, 5e supérieur général, devint définitivement possesseur de l'ancien couvent des Ursulines (2), et put y établir la maison-mère des frères de la doctrine chrétienne.

Après avoir installé leur première école à Melun, sur la paroisse Saint-Aspais, au premier étage de l'ancien châtelet, mis à leur disposition par le conseil de ville, les frères en ouvrirent une autre dans le quartier Saint-Ambroise, laquelle prospéra jusqu'à la Révolution.

A la même époque un pauvre maître de pension de Paris, nommé Marcel Barret, se faisait autoriser à ouvrir des classes à Donnemarie, pour la lecture, l'écriture, l'arithmétique, l'orthographe, la grammaire française et les humanités ; il espérait donner des leçons particulières « pour l'histoire sacrée et profane, la géographie et les fables de La Fontaine. » On lui permit de recevoir des pensionnaires à 300 livres par an et des externes à 3 livres par mois. De son côté, « voulant marquer sa reconnaissance aux habitants, » le maître prenait quelques externes de la paroisse et des annexes, à titre de « boursiers gratuits. » (3)

La communauté des habitants ni l'église ne lui faisant aucun avantage pécuniaire, Barret ne tarda pas à chercher fortune ailleurs.

A Combs-la-Ville, un registre de compte nous apprend que la fabrique payait au maître d'école 100 livres par an, et qu'on fit en 1772-73 d'importants travaux pour installer convenablement les classes. Dans le cours de ses visites, M. Desplasses, archidiacre de Brie à la cathédrale de Paris, inscrit ses recommandations sur ce

(1) Archives de l'Hôtel-Dieu de Melun ; II E, 4.
(2) Aujourd'hui caserne de cavalerie.
(3) Archives de l'Hôtel-Dieu de Donnemarie ; III E, 2.

même registre, à la date du 27 septembre 1773 ; il « exhorte les pères et mères à envoyer leurs enfants à l'école et au catéchisme, étant responsables devant Dieu des fautes que le défaut d'instruction leur ferait commettre » (1).

Nous avons vu le village de Champdeuil doté d'un magister au milieu du XVIe siècle. Deux cents ans plus tard, il n'en avait plus et depuis longtemps déjà quand le curé Sérard obtint — après sentence et malgré les marguilliers — l'affectation de 6 arpents des terres de la fabrique au rétablissement d'un maître d'école (2). C'était en 1774; des notes inscrites par le curé sur les registres paroissiaux il résulte que la place fut confiée à Bronsard, lequel, ayant réglé le carillon du clocher, l'a fait jouer pour la première fois le jour de Noël 1774, et qu'en 1783 on bâtit la maison d'école aux frais de la fabrique, moyennant 3,350 livres. A cette dernière date, le maître était Pierre-Louis Pasquet, « ci-devant jardinier, dit le curé Sérard, et encore plus méchant maistre d'école, qui de sa vie n'a sçu lire ni principe de lecture ni d'écriture : à peine pouvait-il connaître les lettres qui formaient son nom et le signer. » Le 5 janvier 1786, Pasquet n'ayant plus d'élèves reprit son ancien métier au village de Champigny-en-Brie.

Les délibérations de la fabrique Notre-Dame de Dammartin-en-Goëlle, où existait un chapitre de chanoines, nous montrent les marguilliers expulsant d'une maison le locataire qui ne payait pas son loyer, pour en donner la jouissance, le 12 mai 1770, à Nicolas Sennelier, premier chantre, « en faveur duquel la fabrique est obligée à l'entretien d'une école. » Il est décidé que Sennelier occupera cette maison tant qu'il sera chantre maître d'école, à charge de dresser gratuitement les comptes de la fabrique et de tenir la chambre du prédicateur « proprement et en bon état. »

D'autres écoles s'ouvrent à Villevaudé, pour les filles, sur un don de M. Mérault et de quelques personnes pieuses; à Fleury-en-Bière, où M. Jérôme d'Argouges place des sœurs pour les villages de sa seigneurie (Fleury, Perthes, Saint-Martin-en-Bière) ; à Sept-Sorts, où l'abbé de Chalandos avait laissé 100 livres de rente pour rétribuer un maître.

A Melun, une école nouvelle et laïque est établie dans la paroisse Saint-Etienne, en faveur des enfants des deux sexes; le maître

(1) Archives de Seine-et-Marne ; G. 275.
(2) Archives de la commune de Champdeuil. — Registres paroissiaux, 1772-83.

reçoit un subside de 120 livres de la ville, à titre d'indemnité de logement.

Pour le choix des précepteurs, l'ancien droit du préchantre de Sens s'était maintenu dans beaucoup de paroisses de ce diocèse. On voit vers 1780 les fabriciens de Valjouan nommer Edme Croisy, premier chantre, sonneur, sacristain et maître d'école, mais c'est sous le bon plaisir et avec la permission de l'archevêque cardinal de Luynes, et à la condition expresse que Croisy se fera agréer par le préchantre (1).

Il y avait assurément des exceptions.

En 1781 la ville de Nemours, déjà pourvue d'un collège et de petites écoles, vit s'établir chez elle un petit pensionnat. Le 10 janvier, Charles Thibon obtient du lieutenant général civil et de police du bailliage l'autorisation de distribuer un prospectus faisant connaître qu'il enseigne « le français et l'écriture par principes, ainsi que l'arithmétique, » et de placer une enseigne sur sa porte. Jacques-Joseph Parant, « préposé à l'éducation d'enfants depuis environ deux ans » dans la même ville, cherche à soutenir vaillamment la concurrence ; le 29 décembre 1781 il présente requête à son tour pour « ouvrir aussi un pensionnat, enseigner publiquement tant la langue latine que les autres principes d'éducation. » L'autorisation, aussitôt accordée, vise un arrêt du parlement du 6 août 1779, servant de règlement, et prescrit à Parant « de mener ou envoyer par personnes sûres au collège de Nemours, les pensionnaires ou externes qu'il aura, lorsqu'ils seront en état de fréquenter la cinquième (2). »

Il n'est plus question ici des droits du préchantre; le certificat de catholicité délivré par le curé de la paroisse est seul exigé.

C'est ce qui a lieu également à Moret, où les habitants rédigent un règlement pour l'exercice de la maîtrise d'école en 1785, au moment où il confie cette maîtrise à Étienne Dumont, dont le père exerçait depuis longtemps à Héricy.

Déjà le 18 avril 1784, les habitants de Moret avaient admis

(1) Archives de Seine-et-Marne. — G. 366.
M. Mireur, de Draguignan, dans une communication intéressante qu'il a faite en octobre 1879 au Comité des travaux historiques sur les écoles du Languedoc (*Revue des Sociétés savantes*, 7e série, T. III, 1881), dit que dans cette province l'agrément de l'autorité ecclésiastique avait cessé d'être requis, tout au moins à partir du XVIe siècle, sauf dans deux ou trois localités.

(2) Archives de Seine-et-Marne ; bailliage de Nemours.

comme maître d'école Nicolas Michel, natif de Moussy-le-Neuf, pourvu du certificat de catholicité, mais celui-ci (1) ne fit que passer dans la localité.

Pour quelques paroisses voisines de Meaux, c'est l'évêque — et non plus le chantre ou le chancelier de l'église cathédrale, comme autrefois, qui fait fonctions d'écolâtre. Le 6 juillet 1787, M. de Polignac, « sur ce qui lui est représenté que Claude Lefèvre, clerc paroissial et maître d'école de Nanteuil-lès-Meaux depuis près de quarante ans, ne peut plus continuer les mêmes fonctions, à cause de son âge, mais qu'il peut être encore utile à la paroisse pour l'instruction des jeunes filles, » — le nomme et l'institue maître d'école des filles de Nanteuil (2).

Nous avons dit ailleurs que l'autorité ecclésiastique en conférant aux maîtres le droit d'exercer leur profession, s'était réservé le pouvoir de le leur retirer. En cas de difficulté, l'intendant de la généralité intervenait, et les Archives de l'Aube (3) fournissent l'exemple d'un titulaire interdit par l'évêque, puis menacé de prison par l'intendant pour avoir voulu résister.

Les intendants n'étaient pas tous, à beaucoup près, favorables à l'instruction des villageois; chargés de contrôler les dépenses des communautés d'habitants, ils admettaient difficilement les sacrifices relatifs aux écoles, et si les écoles dans certaines provinces se sont multipliées au XVIIIe siècle, ce n'est pas à ces hauts fonctionnaires civils qu'on en doit le bienfait. A la veille de de la révolution, on en voyait encore professer de singulières théories touchant l'enseignement au degré le plus humble, le plus indispensable; la lettre adressée le 26 juillet 1782 par l'intendant de Provence (4) au ministre Joly de Fleury, à propos de l'école de Carnoules (Var), mérite d'être rapportée :

« La dépense étant à la charge de la communauté, le peuple y contribue sans en profiter, ce qui ne paraît pas juste. Ces établissements ne peuvent être utiles qu'aux personnes aisées, elles doivent par conséquent pourvoir en particulier au traitement du maître d'école; non seulement le bas peuple n'en a pas besoin, mais j'ai toujours trouvé qu'il convenait qu'il n'y en eût point dans les villages. Un paysan qui sait lire et écrire quitte l'agriculture

(1) Archives de Moret, BB. 13, 14.
(2) Archives de Seine-et-Marne, D. 29.
(3) C. 1217.
(4) Cet intendant se nommait des Galois de La Tour.

pour apprendre un métier ou pour devenir un praticien, ce qui est un très-grand mal. C'est un principe que je me suis fait et je suis parvenu à empêcher bien des établissements de cette nature dans des lieux où ils tirent à conséquence. J'ai lieu de croire que vous adopterez cette façon de penser et que vous rejetterez la demande des consuls de Carnoules. »

En effet, la demande fut rejetée — (1) par économie.

Ici, on se montrait moins parcimonieux et une plus grande latitude était accordée aux administrations locales. Le 19 juillet 1789, par exemple, les habitants d'Annet décident qu'une pension alimentaire de 170 livres sera payée, sur les revenus communaux, à leur ancien maître d'école, que l'âge et les infirmités obligent à cesser ses fonctions après de bons services. Cette mesure libérale était une nouveauté; elle ne souleva aucune difficulté. C'est, nous devons le dire, le seul exemple que nous ayons rencontré d'une sorte de pension de retraite en faveur des maîtres d'école de l'ancien régime.

En dehors des écoles dues à des libéralités particulières et où le fondateur s'était réservé la nomination du maître, l'écolâtre était arrivé à laisser les habitants choisir entre les candidats qui se présentaient, quand une place venait à vaquer. Pourvu que le choix portât sur un maître pourvu de la licence ecclésiastique, la communauté pouvait débattre les conditions avec lui et passer un traité, auquel l'intendant ne refusait jamais sa sanction.

Le 29 septembre 1746, c'était encore le sieur Galland, descendant du fondateur du préceptoriat de Château-Landon en 1647, qui avait pourvu de son emploi J.-B. Villemon; lorsque le grand âge de ce maître exigea son remplacement, le fondateur n'avait plus de représentants : ce furent les habitants qui firent choix de Claude-Joseph Bauve, originaire de Péronne, en qualité de coadjuteur et successeur de Villemon. On trouve la nomination de Bauve, à la date du 15 août 1782, dans les registres municipaux.

Les traités de cette nature, souvent préparés par le curé, étaient passés comme les baux pour trois, six ou neuf ans; on imposait au titulaire l'obligation de sonner l'angelus, de conduire l'horloge,

(1) Les cahiers de 1789 pour la province de Normandie, publiés par M. Hippeau, renferment des plaintes au sujet des entraves diverses apportées au zèle de ceux qui voulaient fonder de petites écoles — notamment en percevant, sur ces sortes de donations, des droits exagérés.

de chanter à l'église, d'apprendre aux enfants à servir la messe, et quelquefois plus encore, comme de balayer l'église et de soigner les ornements d'autel (1). Le maître devait être de bonnes mœurs, on était peu exigeant pour le reste.

Le 6 janvier 1785 on dresse un de ces actes à Préaux-en-Gâtinais. A la réquisition du syndic perpétuel et du syndic annuel, les principaux habitants s'assemblent dans l'église, au son de la cloche; une quinzaine de laboureurs étant ainsi réunis, on leur expose que la paroisse ne peut rester plus longtemps sans maître d'école, « tant pour l'instruction chrétienne des enfants que pour le service de clerc paroissial » ; que François Rameau, abandonnant le poste qu'il occupe au Bignon, demande à prendre celui de Préaux. Après délibération, Rameau est nommé pour « instruire la jeunesse en la religion catholique et romaine, enseigner à lire et à écrire, ainsi qu'il est d'usage, comme aussi assister M. le curé dans toutes les fonctions publiques de son ministère, chanter les offices divins les fêtes et dimanches et autres jours de dévotion, enfin remplir les fonctions de sonneur et fossoyeur suivant l'usage des lieux. » Les habitants arrêtent qu'il lui sera payé annuellement : par la fabrique, 12 livres; par les laboureurs, un boisseau de blé méteil, mesure d'Egreville, par chaque cheval; par chaque manœuvre, 15 sols. Le maître aura droit, lors de son assistance aux enterrements, à 10 sols pour une grande personne et 5 s. pour un enfant; pour un mariage il aura 10 s. Il recevra de plus, pour chaque enfant apprenant à lire, 5 sols par mois;

(1) En 1791, à l'installation d'Etienne Vasset, maître d'école et clerc paroissial à Crépoil, on lui fixa les conditions suivantes :

1° Qu'il fera l'école de la Toussaint jusqu'au temps où les enfants vont aux nelles ou aux chardons; qu'il sera assidu à leur montrer à lire, à écrire et à leur apprendre le catéchisme;

2° Qu'il sera assidu les fêtes et dimanches aux offices de la paroisse;

3° Qu'il balayera l'église tous les samedis, ainsi que la sacristie, tiendra l'église et le maître-autel propres en ôtant la poussière des chandeliers;

4° Qu'il servira la messe à M. le curé ou lui fournira un enfant; qu'il sonnera l'angelus trois fois par jour, la messe et les vêpres les dimanches et jours de fêtes, pliera les ornements, les prendra dans sa maison où ils sont et les reprendra après l'office, mais seulement aux fêtes solennelles; enfin, qu'il chantera toutes les messes de fondation.

L'obligation de balayer l'église la veille des dimanches et fêtes, de gratter les allées du cimetière trois fois l'an, est également imposée à Pierre Marcou, lors de son installation à l'école de Jaignes, le 24 octobre 1779 (*Registres paroiss. de Jaignes*). Pierre Marcou était surtout clerc paroissial; on lui demandait seulement d'instruire les enfants de la Toussaint à la Saint-Jean, *pourvu qu'ils fussent au moins huit.*

pour leur apprendre à écrire 10 s., à compter 15 sols. Comme sonneur et fossoyeur, il percevra 50 s., plus 15 s. de sonneries aux grands enterrements. » Enfin, le syndic perpétuel, voulant favoriser davantage le nouveau titulaire, s'oblige à le loger gratuitement pendant six ans dans une petite maison située en face du cimetière et à lui donner 2 setiers de blé méteil, au lieu d'un boisseau par cheval; de leur côté, les habitants décident que François Rameau jouira des treilles qui garnissent les murs de l'église.

C'est le curé du village qui a rédigé cette convention, conservée dans les archives locales. En terminant, il a soin de spécifier qu'elle sera soumise à l'homologation de l'intendant, afin d'en assurer plus facilement l'exécution « relativement aux honoraires fixés, contre ceux qui seraient refusants de les payer. »

Quand, au contraire, il y avait dans une paroisse défaut d'entente entre les habitants et le curé, le choix des maîtres d'école devenait l'occasion de difficultés et de mesquines rivalités, dont le village en fin de compte restait souvent victime. Ainsi, à la mort de Pierre Couillet, maître d'école à Quiers, en 1779, le maire accepte pour le remplacer Bénigne Millière, laboureur à Voinsles, qui possédait une bonne écriture, calculait suffisamment et avait de l'orthographe; mais le curé n'ayant pas été consulté, protesta, blâma le maire, se mit à la recherche d'un autre magister quel qu'il fût, et découvrit à Mormant un homme de bonne volonté, nommé Blaise Chapeau, cordonnier de son état, taillé en hercule, dont la voix devait faire merveille à l'église. Le dimanche des Rameaux, Millière et Chapeau se disputèrent la place en chantant au lutrin, et, de l'avis des habitants, le candidat du curé l'emporta hautement.

Il fut installé. Par malheur il savait à peine lire et écrire : un an après on eut le bon esprit de rappeler Millière, qui prit la place de Chapeau et exerça à Quiers pendant près d'un demi-siècle.

A Champdeuil, le recteur montrait à lire, à écrire, il connaissait l'arithmétique, le plain-chant, faisait réciter le catéchisme aux enfants trois fois par semaine et devait leur apprendre la civilité et la politesse (1).

Ce dernier point était généralement observé dans les écoles de

(1) Réponse à un questionnaire, 15 janvier 1792. Archives municipales de Champdeuil.

village ; les maîtres, peu instruits, s'attachaient volontiers à l'éducation et essayaient tout au moins d'initier les jeunes élèves à la *civilité puérile*, si la grammaire et l'orthographe leur faisaient défaut.

Cependant, quelques maîtres s'étaient rencontrés dans les villes, pendant la seconde moitié du XVIIIe siècle, qui avaient tenté d'élargir le cercle restreint des études, en commençant à montrer le latin à leurs meilleurs élèves. Mais toujours on leur opposait les privilèges des collèges. Un arrêt du Parlement de Paris, du 2 avril 1784, ordonna que dans toutes les villes du ressort où existait un collège, aucun particulier, autre que les maîtres ès-arts et les maîtres de pension, ne pourrait enseigner, si ce n'est dans des familles particulières, sous l'inspection et dans la maison des parents, les premiers éléments de la langue latine ; ou à moins encore que l'enseignement ne soit absolument gratuit, lesdits particuliers ne pouvant recevoir ni honoraires ni rétribution, même sous prétexte de se charger de la nourriture et de l'entretien des enfants (1).

De leur côté, les maîtres de pension jouissant d'une indépendance relative, s'ingéniaient à donner du relief à leurs maisons. Nous avons cité plus haut Le Maire, ancien maître d'école à Sancy, qui devint maître de pension à Meaux ; son fils lui succéda et, suivant l'exemple du séminaire-collège de cette ville, organisa des distributions de prix, accompagnées d'exercices littéraires avec intermèdes de musique ; des invitations étaient adressées aux notables habitants. Voici l'une de ces lettres d'invitations imprimées :

« M.

« Vous êtes priés, de la part du sieur Maire, qui tient pension en cette ville, sous la protection de S. A. S. Monseigneur le duc d'Orléans, premier Prince du sang, de lui faire l'honneur de vous trouver à un petit Exercice littéraire que soutiendront ses écoliers, dans la salle de MM. les Chevaliers de l'arquebuse, jeudi 26 juillet 1787, à 4 heures 1/2 de relevée.

« On y récitera un dialogue, tant en vers qu'en prose, mêlé d'ariettes.

« Il y aura concert par MM. les amateurs de cette ville, qui veulent bien l'honorer de leur zèle et de leurs talents, pour exciter davantage l'émulation des enfants.

(1) Archives de Seine-et-Marne ; B. 586.

« A la fin de ce petit Exercice on fera une distribution de prix à ceux qui se seront le plus distingués. »

L'année scolaire au village ne comprenait que sept à huit mois, d'octobre à mai, les enfants aidant aux travaux des champs pendant l'été. Les classes duraient de cinq à six heures par jour, réparties en deux séances, à peu près comme elles le sont encore.

Le règlement rédigé quelques années avant la Révolution pour l'école de charité fondée par Mme Le Menestrel de Hanguel, à Saint-Germain-Laxis, porte qu'il y aura classe de 8 heures 1[2 à 11 heures le matin, et de une heure 1;2 à 4 heures dans l'après-midi.

Après la prière du matin, les enfants chantaient « l'antienne conforme au temps », à l'église, devant l'autel de la vierge. Cette école était gratuite pour les indigents et le maître recevait les 100 livres de fondation, mais les autres enfants payaient 6 sols par mois pour apprendre à lire, 12 sols pour écrire et 18 sols s'ils abordaient l'arithmétique (1).

Dans quelques localités on a vu alors, comme il s'en trouve encore aujourd'hui, des familles vouées à l'enseignement, fournir des maîtres d'école de père en fils pendant une longue suite d'années; citons les Carruel à Crécy, les Dieu à Bouleurs au XVIIe siècle, les Pétiot à Luzancy, les Cornillot à Vaux-le-Pénil, et un peu plus tard les Gaillet à Varreddes, les Chevalier à Dampmart, les Philippe à Marcilly, les Plé qu'on rencontre à Monceaux, Mareuil, Villenoy, Montévrain et Quincy, les Benoist à Saint-Ouen-sur-Morin, les Levol, qui dirigèrent l'école de Coutevroult de 1759 à 1842 sans interruption.

Pour ce qui est des gages, assurés soit par les fabriques, soit par les communautés d'habitants, soit par des fondations particulières, on a pu constater déjà le peu de variation qu'ils avaient subi depuis le temps où Bossuet proposait de payer 120 livres aux maîtres et 100 livres aux maîtresses.

Les déclarations de Louis XIV et de Louis XV avaient bien fixé à 150 livres les émoluments d'un maître, mais chaque paroisse continuait d'agir selon ses facultés et ses usages. Ainsi, en 1710, le magister Prin souscrit un traité pour dix ans à Luisetaines, moyennant 36 livres seulement de gages fixes, plus les dons volontaires du pressurage des vins, suivant la coutume. A Thomery, le maître d'école faisait à l'automne une *quête de vin,* que les habi-

(1) Archives de Seine-et-Marne; G, 350.

tants menacèrent de lui enlever en 1733, s'il enseignait le catéchisme de M. Languet (1). A Chelles, l'église Saint-André payait 125 livres d'honoraires (2). A Précy, la fabrique donnait un fixe de 100 livres, qu'elle élève à 200 livres à partir de 1779 (3). A La Grande-Paroisse, on prélève sur le produit des usages et pâturages communs 40 livres seulement pour enseigner les nécessiteux (4). A Jablines, de 1711 à 1716 se succèdent Ferragu, Toussaint Lhuillier et François Moinet, avec 100 livres de gages ; en 1717 Moinet reçoit 150 livres et est remplacé l'année suivante par Jumelet, qui resta plus de vingt ans dans la localité (5). A Chalifert, à Lesches, les gages suivent la même progression qu'à Jablines, et l'école de Lesches est reconstruite en 1717-1718 (6).

En 1735, Pierre-Robert Dominé, maître d'école de Trilbardou, n'a que 64 livres d'émoluments; à Brie-Comte-Robert, le directeur de l'école gratuite Fleuret reçoit 200 livres sur les revenus de l'hôtel-Dieu (7); à Châtenay, Charles Mathé, de 1744 à 1754, comme en 1777, Claude Pêcheux à Melz, touchent chacun 110 livres ; à Gouaix, Jean Bourgeoisat a un traitement de 174 livres, porté à 200 livres en 1786 pour Jean Chéreau, son successeur (8).

Au milieu du XVIIIe siècle le maître d'école Muzaton, de Limoges-Fourches, avait un gage fixe de 110 livres payé par l'église de Limoges pour 50 livres, par l'église de Fourches pour 40 livres, et par le curé, à titre de gratification, pour 20 livres. M. Fontaine de Cramayel, dont la seigneurie s'étendait sur le village de Limoges, ajouta de son côté 60 livres. En 1768, on prit un nouveau maître, venant de Pecqueux, ainsi recommandé au curé de Limoges par le desservant de la paroisse qu'il quittait :

« Le sieur François Sérant, que vous avez arrêté pour maître d'école, me demande une attestation favorable ; je la lui dois telle, dans la vérité et dans la justice. Pendant dix années pleines qu'il a exercé ici il s'est parfaitement bien comporté et à ma satisfaction. Il ne quitte que par certains mécontements réciproques des fermiers et de lui contre les fermiers. Le sieur Sérant est très-hon-

(1) Nouvelles ecclésiastiques, année 1733.
(2) Archives de Seine-et-Marne ; G. 268.
(3) Archives de Seine-et-Marne ; G. 328.
(4) Archives de Seine-et-Marne ; E. 1926.
(5-6) Archives de Seine-et-Marne, C. 59 ; G. 288.
(7) M. C. Bernardin. *Histoire du couvent des filles de la Croix*; Melun, 1877, p. 5.
(8) Archives de Seine-et-Marne ; C. 59.

nête homme, nullement sujet au vin, très sobre au contraire sur cet article, de bonnes mœurs, aimant les offices de l'église auxquels il assiste toujours avec exactitude, décence et édification; sachant parfaitement le chant, il écrit et lit très-correctement.

» Je vous assure et bien vrai, mon cher confrère, que mon présent certificat n'a rien d'enflé. Vous pouvez en toute confiance l'arrêter. Vous voudrez bien même que je vous prie de lui rendre sa condition la plus avantageuse qu'il sera possible. »

Il résulte d'un compte rendu par Courtellemont, régisseur de la terre de Fleury-en-Bière, que c'était toujours le seigneur qui servait en 1769 les 100 livres de gages du recteur des petites écoles, Louis Sachot.

A Fresnes, Louis Musnier ne reçoit que 30 livres des deniers communs, pour les enfants pauvres (1); à Valence-en-Brie la fabrique de l'église abandonnait au magister une rente de 32 livres 6 sols 8 deniers (2); à Annet, Jumelet touche 170 livres, plus un supplément pour « l'écolage des pauvres » (3); à Everly, J.-L. Bègue n'a que 100 livres (4); à Ferrolles (Attilly), à Montévrain, la fabrique paie 200 livres d'honoraires au maître d'école (5); à Coupvray, c'est 150 livres seulement; enfin, le compte des recettes et dépenses de l'abbaye de Saint-Germain-des-Prés, en 1790, porte 50 livres pour le maître d'école d'Esmans, près Montereau (6).

Bon nombre des éducateurs de la jeunesse, outre leurs gages, jouissaient du logement. Nous avons vu qu'ils percevaient des prestations en nature, variables selon les usages du pays, avec quelques rémunérations pour des services particuliers; c'est ce qu'on appelait le casuel, — venant doubler et quelquefois quadrupler le traitement fixe.

Souvent aussi ils exerçaient un autre métier, comme on a pu le remarquer. Ainsi, Tristan Canard, mort le 23 septembre 1701, avait cumulé la maîtrise d'école de Fontainebleau avec la charge d'huissier à la prévoté; en 1702, Etienne Damourette, tout

(1) Archives de Seine-et-Marne; E. 1924.
(2) Archives de Seine-et-Marne; G. 364.
(3) Archives de Seine-et-Marne; E. 1903.
(4) Archives de Seine-et-Marne; E. 1920, 1928.
(5) Archives de Seine-et-Marne; E. 1923.
(6) Archives nationales. — L'abbé Lebeuf, *Histoire du diocèse de Paris*, nouvelle édition commencée par M. Cocheris et restée inachevée.

en dirigeant les petites écoles d'Aulnoy, se faisait recevoir maître tisserand pour exercer cette profession pendant quelques mois de l'année dans les villages d'alentour. Villegagnon avait un magister bourrelier; à Serris il était greffier de la justice seigneuriale, et dans la paroisse du Pin, près Claye, le maître d'école était non-seulement greffier de la justice du lieu, mais encore greffier et tabellion d'un seigneur voisin, receveur des aides et receveur de différents fiefs; cette multiplicité de fonctions lui laissait peu de temps à consacrer aux enfants et excitait les plaintes des habitants (1).

A Jaulnes, au XVIIIe siècle, le recteur d'école n'avait que cent livres de gages fixes; on résolut de le traiter plus favorablement et de construire des classes. Un dossier de six pièces conservé aux archives de Seine-et-Marne (C. 372) atteste que la solution se fit longtemps attendre, — quelque chose comme 25 ans. Les habitants exposaient à l'intendant de la Généralité de Paris — qu'ayant eu jusque-là des recteurs originaires du village, leur propre logement avait toujours servi d'école, mais que cet avantage n'existait plus et que la construction d'une maison pour les classes était indispensable. Le subdélégué de l'intendant appuyait la requête, en faisant valoir à son tour que le maître d'école de Jaulnes, marié et père de quatre enfants, ne pourrait vivre avec 312 livres formant toutes les ressources de sa place. Enfin, les habitants augmentèrent son gage de 100 livres à prendre sur la communauté et l'intendant approuva cette résolution.

A Champdeuil, la fabrique de l'église donnait alors au maître son logement et six arpents d'héritages représentant un revenu de 300 livres; les parents acquittaient 6 sols ou 12 sols par mois, selon l'âge des enfants (2).

Celui de Couilly, en 1789, déclare comme il suit le revenu de sa place :

Il touche de la fabrique. . . . . 120 liv.

Le casuel se compose :

1° De ses droits d'assistance aux baptêmes et aux enterrements 36

A reporter. . . . . 156 liv.

(1) Archives parlementaires; T. V. p. 23.

(2) Archives municipales de Champdeuil; réponse du 15 janvier 1792 à un questionnaire du district de Melun.

Report.	156 liv.
2° De ce que donnent les habitants auxquels il porte chaque dimanche l'eau bénite, de maison en maison (1) .	60
3° De la quête des vins, valant année commune trois pièces de vin à 30 livres, et trois de boisson à 15 livres .	135
Plus, ce que payent les parents des élèves pour les dix mois de classe (août et septembre étant les mois de vacances), en moyenne	300
La place valait donc	651 liv.

A Congis, — une petite localité pourtant, — elle rapportait plus encore au maître d'école Chauvin, d'après sa propre déclaration :

L'église lui payait	150 liv.
Neuf mois d'école valant	200
(Trois mois étaient accordés à Chauvin *pour gagner sa moisson, selon l'usage)*.	
Casuel en nature	200
Casuel en argent	75
Logement et un arpent de terre	75
	700 liv.

Ajoutons que ce maître était, en outre, secrétaire-greffier et arpenteur, et que sa femme tenait l'école des filles, ce qui leur valait des émoluments supplémentaires.

Mais c'étaient là d'heureuses exceptions.

On retrouve bien ailleurs, ajoutés au traitement fixe et à la rétribution des élèves, les mêmes éléments du casuel, la quête des vins et la distribution d'eau bénite; mais le tout ne rapportait que 600 livres à Coupvray, 450 livres à Saint-Germain-lès-Couilly, 400 livres à Coutevroult, 374 livres à Magny-le-Hongre, etc.

Au Plessis-aux-Bois, la fabrique d'église ne payait rien, c'était le seigneur qui contribuait pour 120 livres, et le maître d'école Jean-Pierre Dubourg ne recevait au total que 180 livres.

A Germigny-l'Evêque, la quête des vins était remplacée par la perception d'une corde de gros bois.

Dans une lettre adressée en l'an II au ministre Paré, l'instituteur Grémion, de Tancrou, rappelle ce qu'était sa place avant la Révolution. « Je touchois de la fabrique 150 livres, dit-il; les

(1) Cet usage s'est conservé dans quelques villages jusqu'en 1848.

fêtes et dimanches je faisois chantre à l'église, j'étois obligé de sonner les angélus, de remonter et conduire l'horloge ; on me donnois 10 sols par feu et les cultivateurs 3 livres par charue ; une eau bénite que je portois me valoit du pain ; de plus, chaque élève payoit 5 sols ou 10 sols par mois, suivant la classe. Le culte a toujours son existance dans la commune, je te demande comme instituteur resçu si je peut assister aux offices et continuer de porter l'eau bénite, aussy de recevoir les 3 livres des cultivateurs et les 10 sols des autres comme par le passées. » Nous ne connaissons pas la réponse du ministre, mais Grémion quittait Tancrou presque aussitôt pour devenir instituteur à Cocherel, où il déclare vouloir enseigner « la lecture, l'écriture, les quatre premières règles, règles de trois droites et inverses, fausses positions, racine quarrée, racines cubes, toisé de bois, les quatre règles des fractions et la géométrie. » A coup sûr, il ne devait pas enseigner l'orthographe.

Notons encore certaines immunités accordées aux anciens recteurs des écoles.

L'édit de 1774 relatif aux milices exemptait de cette charge ceux qui étaient âgés de 30 ans, approuvés par l'évêque et munis du certificat de l'intendant de la province (1). On était arrivé peu à peu à les dispenser de payer la taille, dans quelques localités, comme à Croissy-Cramayel (2); dans d'autres, leur taxe était modérée à cinq sols, conformément à un arrêt du 7 avril 1719, toutefois ce n'était pas une règle absolue, car celui de Montaiguillon est imposé comme les autres contribuables (3); à Saint-Mars, en 1724, Jacques Bruyant, et en 1784 son successeur Levasseur, sont inscrits l'un et l'autre aux rôles des tailles pour 4 livres 14 sols (4).

A Grisy-sur-Seine, au contraire, « la maîtrise d'école » resta jusqu'à la Révolution grevée d'une redevance de 5 deniers 1/2, une pinte de froment et une pinte de seigle, à prendre sur les

(1) Boutaric : *Institutions militaires de la France*, p. 460.

(2) En 1662, Laurent Bourgoin, maître écrivain et organiste de Saint-Aspais de Melun, présentait requête aux officiers de l'élection pour être exempt de taille, « selon l'usage des villes bien policées. » (Archives de Seine-et-Marne ; élect.).

Notons en passant cet exemple assez fréquent des maîtres d'écriture cumulant les fonctions d'organiste : Ant. Froment, à Nemours (1682-87); Dutemple, à Fontainebleau ; François de La Courcelle, à Moret, etc.

(3) Archives de l'Aube, C. 1396.

(4) Archives de Seine-et Marne, C. 237, 328.

terres composant la dotation de l'école (1); c'était une rente féodale au profit du château.

Une lettre adressée en 1782 au duc de Penthièvre par son intendant prouve que ce seigneur bienfaisant accordait chaque année une gratification aux magisters établis dans ses domaines; celui de Gretz, près Tournan, recevait ainsi 72 livres (2).

Veut-on maintenant avoir une idée du mobilier scolaire des villages au XVIIIe siècle?

Il était tout-à-fait primitif et appartenait souvent au maître.

Dans un inventaire dressé le 11 mars 1732, au décès de Jean Carot, maître d'école à Croultes, seigneurie de Nanteuil-sur-Marne, on peut relever ce simple énoncé : « Dans la maison de l'école, deux grandes planches jointes ensemble, servant de table, montée sur deux petits tréteaux, et cinq petits bancqs, estimés 3 livres. »

Et c'est tout.

Voici un autre exemple de la même époque, pris à Beaumont-en-Gâtinais, où la fondatrice était la maréchale de Montmorency; il s'agit d'un mobilier de classe, à l'hôtel-Dieu, c'est-à-dire d'une école congréganiste de filles : « Un grand crucifix en estampe, collé sur toile, avec son chassis (3), les quatre fins dernières de l'homme, une grande table à écrire, cinq bancs en chêne attachés au mur, neuf petits bancs courants, une bourse de cent jetons (4). »

Enfin, citons ici un usage qui existait dans beaucoup de localités : les jeunes garçons des écoles fêtaient la Saint-Nicolas (6 décembre), comme les collégiens célèbrent encore la fête de saint Charlemagne. On conserve aux archives municipales de Coulommiers (5) les titres de propriété d'un pré situé à Chartronges, qui

(1) Archives de Seine-et-Marne, E. 300. Cueilleret de 1773-85. — A Courtacon, le recteur des petites écoles, Charles Bacon, payait aussi à la fabrique 6 livres 6 sols de rente constituée le 15 avril 1729. (Archives de Seine-et Marne, G. 279).

(2) *Le duc de Penthièvre*, par M. Honoré Bonhomme; Paris, Didot, 1869; pièces justif. p. 218.

(3) Monteil cite (*Les Français des divers Etats*, note du chap. 78, n° 22) une ordonnance de Guill. Ruelle, chantre de N.-D. de Paris, du 6 juillet 1633, enjoignant aux maîtres et maîtresses d'école de ce diocèse de tenir dans les classes « une image de Notre Sauveur crucifié, en relief ou en plate peinture. »

(4) Inventaire de l'Hôtel-Dieu de Beaumont, aux archives de cet établissement, E. 15.

(5) Série GG. n° 53.

appartenait à la confrérie de Saint-Nicolas et qu'on appelait Pré-Robin ou des Echaudés, « à cause de la donnée d'échaudés qui se faisait aux écoliers de Coulommiers le jour de Saint-Nicolas. »

V.

En parcourant l'ensemble des notes qui précèdent, il est facile de juger par quels efforts, par quels moyens et dans quelle mesure, sans secours de l'Etat et en l'absence d'organisation un peu régulière du personnel enseignant, on parvenait graduellement à satisfaire aux premiers besoins de l'instruction populaire.

Nous avons vu la gratuité et l'obligation de cet enseignement admises en principe sous l'ancien régime; quant à la troisième proposition maintenant à l'ordre, la laïcité, celle-ci est bien de notre temps. Comment eût-on imaginé l'instruction laïque des enfants, alors que le prêtre était seul en état de la leur donner? Plus tard, n'était-on pas impuissant encore, quand le clergé ayant exclusivement le droit d'instituer les maîtres d'école et le pouvoir de les révoquer, les tenait étroitement sous sa dépendance? Enfin, il ne faut pas perdre de vue que l'enseignement dans les campagnes était rétribué presque partout, pour une notable part, sur le revenu des fabriques.

Est-ce à dire qu'on n'ait jamais songé, sous l'ancien régime, à modifier cet état de choses; que la subordination de l'école à l'église fût admise sans difficulté jusqu'en 1789, et que cette situation — comme on l'a prétendu quelquefois — était absolument dans les mœurs de nos pères? On aurait tort de le croire.

Il existait assurément des croyances respectées; il y avait, selon l'opinion émise par M. Albert Duruy dans une étude toute récente (1), des habitudes et des pratiques invétérées; mais il y avait surtout intérêt à conserver l'enseignement dont on jouissait, puisqu'on n'était pas à même de le remplacer. L'école avait toujours été confessionnelle; c'était même, à vrai dire, le seul côté par où la royauté et le clergé s'intéressaient à elle. Ayant fait partie de l'église, elle était simplement restée, d'après la formule primitive, « servante de l'église. » C'était traditionnel; l'idée de la nécessité de l'instruction pour l'instruction elle-même n'existait pas encore. Pourtant, cette dépendance pesait; dès la Renaissance, sans contester

(1) M. Albert Duruy. *L'Instruction publique et la Révolution.* — *Revue des Deux-Mondes*, 15 septembre 1881.

aux prêtres le droit d'enseigner; on sentait que ce droit eût dû être limité : on émit l'opinion que le rôle du clergé devait se borner à l'enseignement dogmatique. La monarchie et le haut clergé, si souvent divisés, s'étaient aussitôt retrouvés unis pour enrayer les efforts tentés dans ce but, et les novateurs avaient été réduits à l'impuissance.

L'idée réapparut timidement, rarement, par la suite; à peine rencontre-t-on dans les pièces d'archives, certains indices, certaines aspirations en faveur de l'éducation laïque, comme dans le testament de Michel Lecomte, de Melun, en 1650; dans la fondation à Rubelles d'un maître d'école *marié*, en 1697, ou dans le legs d'une rente, au commencement du 18e siècle, pour un maître laïque à Chevrainvilliers.

Le président Rolland, devançant de trente ans les idées que la Révolution devait poursuivre en ce qui touche l'esprit de l'enseignement, proposait en 1760 une éducation nationale; organe de l'école philosophique ennemie des jésuites, il allait plus loin qu'elle sans cesser d'être l'écho de son temps. La Chalotais, Helvétius, Diderot, ainsi que le rappelle M. Albert Babeau (1), lorsqu'ils déclaraient que l'instruction devait être une œuvre exclusivement civile, n'avaient en vue que l'instruction secondaire; La Chalotais ne voulait pas que les connaissances du peuple s'étendissent au-delà de ses occupations, et Voltaire lui répondait le 28 février 1763 : « Je vous remercie de proscrire l'étude chez les laboureurs; moi qui cultive la terre, je vous présente requête pour avoir des manœuvres et non des clercs tonsurés. » Le président Rolland, au contraire, englobait les écoles de campagne dans ses projets. A côté des philosophes, plus occupés de leurs théories que de l'intérêt réel du peuple, le mouvement s'accentuait en faveur de l'instruction des classes déshéritées. Un sentiment suscité pourtant par les philosophes, celui de la philanthropie, portait à souhaiter l'amélioration de son semblable, non plus pour l'amour de l'humanité, selon l'expression du don Juan de Molière, qu'on avait regardée comme impie sous Louis XIV (2).

Les cahiers de doléances de 1789 contiennent des vœux plus caractérisés, mais encore peu nombreux. Les habitants d'Herblay, près Paris, par exemple, exposent que si la religion constitue un des points essentiels de l'éducation, on ne doit pas oublier qu'il est

(1-2) *L'Ecole de village sous la Révolution.* Paris, Didier, 1881, in-12.

d'autres connaissances utiles à enseigner concurremment ; que si cette partie de l'administration a été la plus négligée, parce qu'on a apporté des entraves à ses progrès, c'est qu'elle a été soumise à l'inspection exclusive des ecclésiastiques (1).

Les paysans étaient favorables à la révolution, qui supprimait la taille, les dîmes, les droits féodaux, mais ils n'étaient pas hostiles à la religion et ne demandaient pas la persécution de leur curé, qui partageait leur vie précaire et leurs aspirations, qui les guidait, les soutenait à l'occasion. Dans quelques localités, le curé fut même élu maire comme à Grez-en-Gâtinais, à Congis, à Andrezel, à Cesson et ailleurs. Un peu plus tard, en 1793, quand le vicaire de Nemours qui desservait la paroisse de Saint-Pierre-lès-Nemours fut suspendu de ses fonctions et arrêté, les habitants allèrent en nombre auprès des administrateurs du district réclamer son élargissement, en faisant valoir que ce prêtre était en même temps officier public de leur commune et le seul membre du conseil sachant suffisamment écrire pour remplir ces fonctions. Le district leur donna un autre vicaire, qui devint officier municipal. Le 18 octobre 1793 ne voit-on pas encore les habitants de Vaux-le-Pénil, lors de l'installation de Jacques Codieu, maître d'école, insérer dans leur procès-verbal la condition « d'enseigner aux enfants la religion chrétienne, les prières et le chant » ?

Il est d'ailleurs intéressant de le constater, — dans ces cahiers de 89, c'est le clergé qui réclame le plus énergiquement en faveur de l'instruction, de la gratuité et de l'obligation. Les ordres laïques se montrent moins soucieux à cet égard; ils ne songent pas sérieusement à contester aux prêtres une prérogative consacrée par l'usage, tandis que ceux-ci, plus clairvoyants, craignent de la voir échapper de leurs mains.

Si l'assemblée du clergé tenue à la veille des Etats généraux, dans le bailliage de Sarreguemines, réclame l'instruction obligatoire et appelle les sévérités de la justice contre les pères et mères qui négligent d'envoyer leurs enfants à l'école à partir de 7 ans, elle a soin de demander en même temps que ces derniers soient tenus « d'assister aux instructions du catéchisme jusqu'à 25 ans, à moins qu'ils ne se marient auparavant ».

De même, quand on voit le clergé du bailliage de Nemours formuler le vœu de conserver les ordres religieux des deux sexes,

(1) Archives parlementaires ; t. IV. p. 602.

c'est uniquement — comme il le déclare — pour leur réserver comme un droit l'éducation de la jeunesse (1).

Le tiers-état cependant n'entrait pas dans ces vues. D'accord en cela avec la bourgeoisie, le paysan n'aimait ni les abbés, ni les bénéficiers, ni les décimateurs vivant à ses dépens, sans profit pour le trésor public ; il souhaitait la suppression, non de toutes les communautés, mais des couvents qui ne lui rendaient aucun service. Il eût volontiers conservé les congrégations enseignantes. Quant au bas clergé, loin d'être son antagoniste, il le considérait comme un ami et voulait qu'on lui assurât une subsistance honnête, en faisant disparaître le casuel, « commerce honteux, avilissant l'honneur du sacerdoce et nuisible au respect des pasteurs ». De leur côté, les curés prennent souvent parti pour le peuple contre les privilégiés; à l'exception de la liberté des cultes et de la liberté de la presse, — ils insistent pour réclamer les mêmes réformes que le tiers-état (2).

Une fraction considérable du clergé était beaucoup plus imprégnée de l'esprit du XVIIIe siècle qu'elle ne le croyait elle-même. Les prêtres de campagne, attachés au gallicanisme, accueillaient en général les idées de liberté et d'égalité. Témoins et souvent victimes des abus de l'ancien régime, ils appelaient de leurs vœux une révolution qui, limitant la puissance du clergé supérieur recruté exclusivement parmi les privilégiés, devait alléger pour eux un joug supporté avec peine.

Aussi bien que les cahiers du tiers-état, ceux du clergé dénotent un caractère national, qui surprend un peu aujourd'hui.

Que d'idées nouvelles se font jour dans ces cahiers de 1789, que de réformes utiles sont entrevues ! Le tiers-état de Chevannes, au bailliage de Nemours, — où Dupont de Nemours avait ses propriétés, — réclame pour les instituteurs le payement d'un demi traitement lorsqu'ils cessent d'être employés après vingt ans de services; à Nancy, on propose de créer une décoration spéciale pour récompenser les plus habiles membres du corps enseignant ; le tiers-état de Reims demande la création d'établissements propres à former de bons maîtres d'école.

Ainsi apparaissent les germes, l'idée première de trois nou-

(1) Archives de Seine-et-Marne ; B. 264.

(2) M. Hérelle ; *Documents inédits sur les États généraux*. Mémoires de la Société des sciences et arts de Vitry-le-François, 1878, p. 187.

veautés qui ont fait leur chemin : la pension de retraite, les palmes académiques et nos écoles normales primaires (1).

C'est à Nemours encore que la noblesse de 1789 demande qu'on multiplie les écoles dans le royaume, et « principalement dans ce bailliage qui en manque absolument. » A Melun, les nobles se contentent de donner un pouvoir indéterminé à leur député pour régler tout une série d'affaires, parmi lesquelles l'enseignement se trouve compris, mais sans formuler de vues particulières à ce sujet (2).

L'instruction secondaire était moins exclusivement la chose du clergé que l'enseignement primaire. M. Chéruel (3), cependant, reproche avec raison à l'administration de Louis XIV d'avoir abandonné l'ensemble de l'instruction publique à des corporations isolées. L'unité nationale n'avait pas triomphé des traditions du moyen-âge; « les universités donnaient un enseignement qui n'était soumis à aucune impulsion centrale, à aucune surveillance du gouvernement. Les inspections prescrites par l'ordonnance de Blois n'ont jamais été sérieusement exécutées. A plus forte raison, les collèges particuliers qu'entretenaient les villes ne relevaient que des autorités locales. »

A de rares exceptions près, les études n'y étaient pas supérieures à celles des écoles ouvertes dans les villes, et le chancelier de France était fondé à recommander le 13 avril 1686 aux principaux des collèges de Paris de soigner leur enseignement, les élèves sortant de chez eux fort ignorants (4).

De leur côté, les intendants ne se montraient pas plus favo-

(1) Beugnot, qui était en 1790 procureur général syndic de l'Aube, eut alors l'idée de stimuler le zèle et l'émulation des élèves par des concours cantonaux; il proposait aussi de confier la surveillance de toutes les écoles du département à un homme capable et recommandable : ce « recteur de l'éducation du département », comme il l'appelle, n'est-ce pas l'inspecteur d'Académie d'aujourd'hui?

(2) Les plaintes, doléances et remontrances du bailliage de Sainte-Menehould contiennent ce paragraphe (§ 69) : « La réformation des mœurs étant une des branches les plus essentielles d'un bon gouvernement, l'éducation du peuple paraît mériter la plus sérieuse attention de la part des Etats généraux. Nous proposons entre autres moyens, l'instruction plus soignée des maîtres d'école, ainsi que des prix pour les élèves et pour les instituteurs. »

L'idée a fait son chemin depuis.

(3) De l'administration de Louis XIV, d'après les mémoires d'Olivier d'Ormesson; Rouen, 1849, p. 194.

(4) Bibliothèque nationale; manuscrits, supplément français, 10.275.

rables à l'instruction secondaire, en province, qu'ils ne l'étaient pour l'enseignement primaire : « Je suis peu partisan des collèges dans les petites villes, écrit Ant.-J. Amelot, cela donne occasion au peuple de faire apprendre le latin à ses enfants et d'en faire de mauvais prêtres ou des procureurs, des sergents ou autres engeances de même espèce; au lieu de bons artisans et de bons laboureurs qu'ils auroient été (1). »

Les petits collèges restant la plupart sans valeur, s'étaient cependant multipliés. M. Levasseur, de l'Institut, en compte plus de 500 en France avant 1789, renfermant environ 70,000 écoliers, sans parler des établissements dirigés par les corporations religieuses, qui étaient les plus nombreux. Tous ceux de notre contrée (aujourd'hui département de Seine-et-Marne) étaient tenus par des religieux au XVIIIe siècle (2) ; aucun cependant, — c'est un fait à noter, — n'a été dirigé par les jésuites. La fameuse Société avait bien tenté, au siècle précédent, de s'introduire dans le collège de Provins, mais M. de Gondrin occupait alors l'archevêché de Sens ; le moment était mal choisi. Il nous est resté, à propos de cette tentative, une ordonnance du prélat où les doctrines de la Société de Jésus sont sévèrement jugées, et l'établissement demeura aux mains des oratoriens.

Les bourses dans les collèges étaient très-nombreuses, et dans ceux de Paris l'enseignement fut absolument gratuit à partir de 1719.

Dans ses *Lettres sur l'Amérique du Nord* publiées en 1836, M. Michel Chevalier affirme que, chez nous, le nombre des élèves fréquentant les collèges avant 1789 était triple ou quadruple de ce qu'il est aujourd'hui (3) ; il cite notamment une province, la Franche-Comté, qui possédait à elle seule plus de bourses dans les collèges qu'il n'en existe maintenant dans la France entière.

De son côté, M. Villemain, ministre de l'instruction publique, dans un rapport rédigé en 1843, parle de plus de 40,000 élèves recevant une éducation gratuite ou semi-gratuite dans les

(1) M. Alfred Cramail ; documents antérieurs à 1790 ; Paris, Leclère, 1877, in-8°, p. 9.

(2) Le collège de Nemours avait été tenu par des laïques, à son début ; en 1735 il avait pour principal Jean-Baptiste Lécuyer, curé de Bagneaux et de Glandelles.
Cet établissement, maintenant supprimé, avait encore en 1821 pour régent d'humanités Th. Janson qui, la même année, subissait avec succès les épreuves du doctorat ès-lettres.

(3) Tome II, p. 485.

collèges avant la révolution, grâce aux fondations libérales de plusieurs siècles.

On avait ainsi rendu accessible à une fraction des classes pauvres l'instruction classique, dont la médiocrité seule suscitait des plaintes fondées.

L'enseignement aux divers degrés avait toujours manqué d'organisation : c'était là son défaut capital.

Non seulement il différait dans les diverses universités, mais cette divergence existait même dans l'étendue de chaque université. Chez les jésuites, au contraire, tous leurs collèges d'Europe, d'Asie, d'Amérique, avec leurs 6 ou 7.000 maîtres, n'ont jamais eu qu'un seul maître et un système d'enseignement complet jusque dans les petits collèges. C'est à cette unité qu'ils devaient la supériorité de leurs établissements (1).

Dès l'époque de Henri IV, un fils d'Etienne Pasquier, Nicolas, magistrat d'un esprit élevé, signalait ce défaut de l'enseignement dans notre pays. Dans ses *Lettres*, il expose des vues d'utilité publique qui ne font pas moins d'honneur à son patriotisme qu'à ses lumières (2), et parmi les causes des maux dont souffrait alors le pays, il place au premier rang la mauvaise éducation de la jeunesse ; pour combattre cette pernicieuse influence, il indique une réforme essentielle : « Ce serait, dit-il, qu'il n'y eût plus qu'une université en France. » D'accord déjà avec les idées qu'exprimait plus tard l'intendant Amelot, il déplore de ne voir sortir d'un grand nombre de petits collèges « qu'une fourmilière d'apprentis savants présomptueux, qui affoiblissent le commerce de la marchandise, la culture et la ménagerie des champs, les métiers, en un mot toutes les forces de la nation (3). »

Plus tard, l'abbé de Saint-Pierre demandait l'établissement d'un bureau permanent de l'instruction publique, et Diderot, partisan de la gratuité, de l'obligation et de la sécularisation de l'ins-

(1) Alexis Monteil. — Histoire des Français des divers états ; XVIe siècle, station XXX.

(2) Nicolas Pasquier avait aussi formulé cette pensée générale, reprise plus tard par Bossuet dans sa célèbre controverse avec Leibniz, de voir se réunir l'église catholique et la religion réformée. Il semble, disait Pasquier, que nous ne sommes point si différents qu'il ne soit aisé de nous accorder si nous voulons. (*Lettres*, t. V, p. 7). Entre les causes du schisme, il signale les fautes et les vices des prélats, et proclame que la rigueur n'est bonne qu'à propager l'hérésie et à troubler l'Etat, dont la prospérité est dans la paix (t. VIII, p. 8).

(3) *Lettres* ; VIII, p. 5.

truction publique, conseillait la création d'un grand-maître dans son plan d'une université pour la Russie. Puis vinrent les économistes Adam Smith, Dupont de Nemours, Turgot, dont les idées trouvèrent de l'écho dans l'opinion publique.

Malgré les efforts tentés par quelques esprits éclairés pour faire apprécier les bienfaits de l'instruction du peuple, on en était encore à ce point, dans certaines classes sociales, que la question suivante fut posée par l'Académie de Rouen : « Est-il avantageux ou préjudiciable au bien de l'Etat que les gens de la campagne sachent lire et écrire ? » Hâtons-nous d'ajouter qu'un mémoire fut présenté en réponse, — un seul — et que l'auteur, l'abbé Terrisse, se prononça dans le sens de la propagation de l'instruction.

Cette organisation désirée, cette université française unique ne devaient apparaître qu'à la chute de la royauté. L'idée d'un système national d'éducation, qui se présenta sous l'influence de l'école philosophique, visait surtout à déposséder le clergé du rôle qu'il avait rempli jusque-là.

La Révolution voulut donner à l'instruction populaire une vie nouvelle et toute différente, avec plus de développement que par le passé. Elle renversa d'abord l'ancien système d'éducation, pour jeter les bases de celui qu'elle entrevoyait, — dont malheureusement les événements devaient entraver l'application. En détruisant tout d'un coup le vieil édifice, sans être préparée à le remplacer aussitôt, en supprimant les congrégations sans distinction aucune, en promulguant les décrets sur les droits seigneuriaux, sur les biens ecclésiastiques, sur la constitution civile du clergé, la Révolution avait-elle prévu le coup fatal qu'elle portait aux petites écoles ?

VI.

Sans doute on enseignait peu de choses dans les écoles de village, au temps de Bossuet ; la lecture, l'écriture, le catéchisme, et à la rigueur les trois premières règles de l'arithmétique avec un peu de grammaire, composaient un léger bagage de savoir. Mais y apprenait-on davantage cent ans plus tard, sous Napoléon Ier ? Nos grands parents étaient-ils donc si loin, quant au niveau des connaissances élémentaires, de celles qu'acquièrent encore aujourd'hui, dans les campagnes, 50 °/₀ des enfants qui ne fréquentent pas assidûment l'école et l'abandonnent à 12 ans ?

Il existe cependant sur l'ignorance des populations rurales au temps passé, des préjugés non justifiés, de réelles erreurs, dont on doit faire justice. On a souvent parlé, — prenant l'exception pour la règle, — du défaut absolu d'instruction, même parmi la noblesse, et de la prétendue vanité qu'elle en tirait. La noblesse du moyen-âge et de la Renaissance recevait l'éducation de son époque, et il est sorti de son sein des poètes aussi bien que des chroniqueurs marquants. On a cité des « barons fiers de leur ignorance autant que de leur épée, » des gentilshommes apposant une croix pour toute signature ; mais cette croix ne se trouve que dans un temps et au pied d'actes où elle était usitée par les rois eux-mêmes, et la preuve existe, au moins pour plusieurs, que ceux qui se conformaient ainsi à l'usage, non seulement savaient écrire, mais qu'ils étaient loin de manquer d'instruction (1).

Ne sait-on pas qu'à la Renaissance, les nobles — et même les dames — se mirent à l'étude du latin et du grec avec une sorte de passion ? Henri IV raconte que sa mère, Jeanne d'Albret, lui fit lire Plutarque lorsqu'il n'était « à peine plus un enfant à la mamelle. » Sa lettre à Marie de Médicis, du 3 septembre 1601, nous fait voir au milieu des guerres civiles cette femme — d'un grand sens, il est vrai, — enseignant Plutarque à son fils. D'après Brantôme, les princesses de la maison de France, entourées de leurs gouvernantes, « s'édifioient grandement aux doux dicts des Grecs et des Romains, remémorés par le doux Plutarque. » En dehors de la cour, les femmes de la société, comme on dirait aujourd'hui, en faisaient leur lecture assidue : « Les dames, dit Montaigne, en régentent les maistres d'eschole (2). »

Tout le monde s'en mêla, on abusa même du grec et du latin, et Rabelais commença à rire de cet abus en racontant « comment Pantagruel rencontra un Limosin qui contrefaisoit le langage françois. » Charles Estienne a pu dire en ses *Paradoxes* (3) : « Si quelqu'un se cuyde advancer en compagnie de prononcer trois pauvres parolles de latin, à peine a-t-il ouvert la bouche qu'on l'appelle ou magister de village ou pédagogue de colleige. »

Pour attaquer l'ignorance des nobles d'autrefois, on ne s'est ar-

(1) Voir le livre de M. Ch. Louandre : *La Noblesse française sous l'ancien régime*, 1880.

(2) M. Genouille : *Deux Lettres de Henri IV* (Société d'archéologie de Sens, 1877, t. XI).

(3) Edition rare de 1554 ; *Déclamation III*.

rêté ni au moyen âge ni au xve siècle, où les classes militaires professaient, il est vrai, un superbe dédain pour les lettres ; on ne s'est pas même arrêté à la Renaissance ; on a prétendu que les grands seigneurs du temps de Louis XIV se flattaient encore de ne point savoir écrire. Le cas s'est-il produit ? Cette mention relevée peut-être sur quelques titres, — nous n'en connaissons pas, quant à nous — : « Messire un tel n'a signé, en sa qualité de noble, » signifie-t-elle ce qu'on a supposé ? Ne s'agit-il pas d'un personnage, entiché de fatuité, qui eût fort bien signé s'il n'avait dédaigné de commettre son paraphe en compagnie de celui de son vassal?

Le maréchal de Vitry, Nicolas de Lhospital, répondant le 14 octobre 1593 au corps municipal de la ville de Meaux, dont il était gouverneur, s'exprimait ainsi : « Si j'avais étudié cinq ans au collège de Navarre, je vous ferais une plus longue harangue, mais je n'ai étudié qu'aux armes. » Conclura-t-on de cette précaution oratoire que le maréchal de Vitry était sans instruction ? Ses lettres autographes prouvent assez qu'il n'était pas illettré.

Non, la vieille société française n'était étrangère ni aux lettres ni à la philosophie. Qu'on se rappelle l'accueil que reçut non seulement des seigneurs, mais des dames nobles du grand siècle, la philosophie de Descartes !

D'ailleurs, l'instruction aux degrés les plus élevés ne subissait pas, de siècle en siècle, comme l'instruction élémentaire, le contrecoup des événements. Pour celle-ci les périodes heureuses et malheureuses alternaient continuellement ; telle localité, pourvue de maîtres dès le xiiie siècle, en resta privée pendant longtemps aux siècles qui suivirent.

On sait qu'après s'être accrue durant la période féodale, la population diminua sensiblement lors de la guerre de cent ans ; que les pertes furent réparées sous Charles VII et ses successeurs jusqu'aux troubles religieux, lesquels amenèrent une nouvelle diminution. Plus tard encore, sous Louis XIV, tandis que la guerre, la disette, les impôts affectaient si vivement les campagnes, l'industrie était frappée au cœur et la richesse nationale compromise par la révocation de l'édit de Nantes ; au milieu de ces fluctuations, les pauvres écoles du village disparaissaient et les fondations anciennes durent être plus d'une fois renouvelées. Il n'en était pas de même pour les collèges établis dans les grandes villes, fréquentés et soutenus par les classes aisées.

Des chercheurs patients ont supputé, d'après les anciens actes de baptêmes, mariages et sépultures, le nombre des signatures apposées pendant certaine période, pour essayer d'établir une statistique de l'instruction répandue à cette époque. C'est là une base discutable. Nous avons eu souvent l'occasion de constater que tels curés faisaient exactement signer leurs actes, tandis que d'autres ne prenaient pas ce soin et les rédigeaient même après coup.

Indépendamment des anciens registres paroissiaux les mieux tenus, consultez les actes d'assemblées de parents pour tutelles, les vieilles minutes de notaires, les déclarations à terrier, — tout au moins dans notre province, car il en était autrement dans le midi, dans l'ouest, dans le centre de la France, — et vous serez frappé de voir la plupart des laboureurs, artisans, gens de métiers et ouvriers, signer au XVIIe et au XVIIIe siècle, quelques-uns même d'une très-bonne écriture (1).

La statistique entreprise par M. Maggiolo est la plus étendue et la seule qui ait été conduite avec autant de méthode ; sans fournir des résultats qu'on doive considérer comme définitifs, elle donne la proportion suivante des conjoints qui signaient leurs actes de mariage, dans l'Ile-de-France, à la veille de la révolution : hommes, 65,55 °/ₒ ; femmes 39,05 °/ₒ.

D'après mes propres observations, que je me garderai bien également de trop généraliser, il ressort qu'aux environs de Melun, sous Henri IV, 45 °/ₒ des hommes savaient signer, et 25 °/ₒ des femmes seulement ; qu'en 1789, cette proportion s'était élevée à 60 °/ₒ pour les hommes et à 38 °/ₒ pour les femmes.

Ces derniers chiffres se rapprochent sensiblement de ceux qu'a obtenus M. Maggiolo en opérant sur des bases différentes, et l'on sera loin de s'étonner du nombre des illettrés de 1789 (nombre qui s'accrut sous l'empire) en songeant que la proportion des conscrits ne sachant ni lire ni écrire était encore en France de 48,83 °/ₒ il y a un demi-siècle, — en 1833 (2).

(1) Le savant Huet déclare, dans ses mémoires, n'avoir jamais admis chez lui de domestiques illettrés; c'étaient, en effet, ses valets qui lui servaient de secrétaires et lui faisaient la lecture.

M. Babeau, auteur de travaux très-intéressants sur l'ancien régime, a constaté que, dans l'Aube, au temps de Louis XIV, 72 0/0 des hommes et 22 0/0 des femmes savaient lire et écrire. Cette proportion, vraie peutêtre pour la Champagne, serait un peu différente pour la Brie, si je m'en tenais aux exemples puisés dans les terriers et les actes d'assemblée d'habitants que j'ai pu consulter.

(2) Dans Seine-et-Marne, 3,88 0/0 des hommes et 6,20 0/0 des femmes qui ont

Même pour les filles, l'éducation était beaucoup moins négligée dans la Brie, aux derniers siècles, qu'en mainte autre province comme l'Angoumois, le Béarn, le Berry, le Poitou ou le Nivernais. En général, on n'attachait pas l'importance d'un intérêt public à l'instruction des jeunes filles et leur savoir, jusque dans les familles les plus illustres, était fort inégal au temps de Louis XIV, ce qui a permis à M. Vallet de Viriville de dire, dans son *Histoire de l'instruction publique,* que notre vieille société française, si célèbre par sa galanterie et par l'influence des femmes, semble avoir eu pour doctrine de borner l'éducation de la femme au programme d'Arnolphe :

« De savoir prier Dieu, d'aimer, coudre et filer. »

Et pourtant Mme de Rochechouart traduisait le *Banquet de Platon,* Mme de Castries, sa nièce, lisait Criton dans le texte, et les leçons de Ménage avaient assez profité à Mme de Sévigné pour qu'elle pût apprécier en latin « la majesté du style de Virgile, » et faire goûter à sa fille « l'ampleur des périodes de Tacite. »

A côté de telles exceptions, combien de grandes dames ne savaient ni lire ni écrire correctement, ainsi que le rappelait Fénelon sans crainte de blesser aucune susceptibilité (1). Qu'était-ce dans le peuple, où, — dit encore Fénelon, — rien n'était si négligé que l'éducation des filles ?

Cette négligence se montrait même parfois étrangement systématique. On a cité une maîtresse d'école de Doulancourt (2) qui ne voulait pas enseigner à ses élèves les principes de l'écriture « de peur qu'elles n'employassent leur savoir à correspondre avec leurs amants. »

On ne poussait pas le scrupule aussi loin dans notre province de Brie. La noblesse et la bourgeoisie plaçaient les demoiselles dans les couvents ou bien les instruisaient dans les familles ; les jeunes villageoises apprenaient à lire, écrire et compter à l'école ouverte

contracté mariage en 1880 ne savaient pas signer. En 1881 cette proportion était réduite à 3,64 0/0 pour les hommes et portée à 3,64 0/0 pour les femmes.

Ces chiffres résultent de la statistique dressée par M. le Dr Bancel, qui constate en outre que pendant les deux années 1880-1881 le nombre des illettrés a diminué dans la population urbaine et augmenté dans la population rurale.

(Compte-rendu des travaux des Conseils d'hygiène de Seine-et-Marne et mouvement de la population pour 1881. Melun, imp. Michelin, s.d. in-8°).

(1) M. Gréard. Rapport sur l'instruction secondaire de filles (*Journal officiel* du 21 décembre 1882).

(2) *Recherches sur la Haute-Marne,* par M. Fayot ; 1 vol. in-12, 1879, p. 15.

pour les garçons, partout où il n'y en avait pas d'autre. Il faut croire que ces écoles mixtes étaient fréquentées assez assiduement; car, si l'on consulte les actes d'assemblées des communautés religieuses de femmes, leurs délibérations, les procès-verbaux de prise d'habit, — même dès la fin du XVIe siècle, — on voit des signatures nettes et fermes, qui contrastent avec l'écriture informe et capricieuse des tabellions d'alors. Nous n'avons pas besoin de dire que ces communautés, à part quelques abbayes riches et réputées, se recrutaient surtout dans la classe moyenne.

Si le degré d'instruction n'était pas élevé dans les petites écoles, au moins y apprenait-on le peu qui y était enseigné et particulièrement l'art d'écrire lisiblement, — un art peu florissant de nos jours. — Seuls les gens de justice, tabellions, procureurs et magistrats, devançant notre siècle à cet égard, calligraphiaient beaucoup moins bien que ceux dont le métier n'était pas de tenir la plume.

Au XVIIe siècle, on attacha d'autant plus d'importance à soigner l'écriture qu'on venait de traverser une période de transition.

Les rois avaient naguère attiré auprès d'eux des calligraphes élégants et discrets, sous la dénomination un peu pompeuse de secrétaires de la chambre. Pierre Hamon, de Blois, l'un d'eux, premier maître à écrire de Charles IX, était d'une grande habileté; trop habile, il contrefit la signature du roi pour servir les huguenots, ses co-religionnaires, et fut pendu en 1569. Voulant éviter le retour du cas de P. Hamon, le roi délaissa les secrétaires de la chambre et encouragea la création d'une corporation d'experts-jurés écrivains vérificateurs. Il permit à cette communauté d'enseigner l'écriture, l'orthographe et le ject, c'est-à-dire l'art de compter (1). Le chantre de Notre-Dame de Paris, supérieur des petites écoles, l'Université elle-même, dont les maîtres écrivains ne subissaient pas la juridiction, virent avec peine cette création nouvelle; mais ce fut surtout aux pauvres maîtres d'école que les écrivains-jurés firent sentir le poids de leur privilège.

L'étoile des calligraphes avait singulièrement pâli au temps d'Henri IV et de Louis XIII; on eût cherché en vain l'écriture

(1) On comptait avec des jetons; les comptes par chiffres n'ont été substitués qu'un peu plus tard à l'usage du *ject* ou jeton. Au commencement du XVIIe siècle, les deux manières de compter étaient encore enseignées simultanément dans les écoles.

noble et hardie des scribes formés aux leçons de Nicolas Gigantis, de Jean Lemoine et de Le Gaigneur (1).

La propagation de l'imprimerie n'était pas étrangère à cette décadence. « Longtemps l'écriture avait lutté contre l'imprimerie, dit Monteil, elle l'a même vaincue par la pureté et la finesse des formes, mais vaincue à son tour par la rapidité de la presse, elle s'est dépitée, irritée de l'irrévocable préférence donnée à sa rivale ; et, pour ainsi dire, elle s'est, dans sa mauvaise humeur, dans son dépit, hérissée de longues queues, de pointes tortueuses et barbares. » On ne vit plus que lettres historiées et défigurées, les unes allongées démesurément, les autres tronquées, réduites à d'indéchiffrables pattes de mouches qu'on ne se donnait plus la peine de former. Aussi, n'est-ce pas sans raison que les paléographes considèrent l'écriture de la fin du XVIe siècle comme la plus difficile à lire.

La fantaisie avait pris de telles proportions qu'en 1632 le gouvernement jugea nécessaire de charger Louis Barbed'or, syndic des écrivains de Paris (2), de déterminer la forme des lettres françaises ; cette forme, une fois fixée, devint obligatoire pour les actes publics. Le Bé, à son tour, reçut mission d'arrêter la forme des lettres italiennes.

L'art d'écrire reprit faveur. Chaque ville un peu importante posséda, à côté des maîtres d'école, un ou plusieurs maîtres d'écriture, élèves d'une corporation dans laquelle ont brillé de véritables artistes, comme les Jarry, les Sénault, les Rossignol, et plus tard les Bédigis, les Roland, les Saintomer, les Bernard (de Paris), Bernard (de Melun), et Baron (de Sablonnières-en-Brie).

La concurrence entre les maîtres à écrire et les maîtres d'école faisait naître des compétitions continuelles, dans lesquelles la justice eut souvent à intervenir. Les premiers ouvraient de véritables écoles libres, au préjudice des seconds qui s'y opposaient ; les écrivains-jurés prétendaient jouir du droit exclusif de montrer à écrire, et les magisters paroissiaux, soutenus par les habitants aussi bien que par le clergé, obtenaient ordinairement raison de

(1) *L'art ou instruction pour apprendre à escrire en grosses lettres*, par Nicolas Gigantis, cordelier ; Paris, Lenoir, 1539. — *Les instructions de bien et parfaitement escrire, tailler la plume, etc., avec quadrins en ordre d'A, B, C*, par Jean Lemoine, escrivain de Paris ; Paris, Jean Bridier et Jean Hulpeau, 1556. — *L'Alphabet ou exemplaire d'escriture*, par Le Gaigneur ; Paris, 1584.

(2) Né à Paris vers 1589, mort en 1670, secrétaire de la chambre du roi ; il a créé l'écriture ronde.

telles prétentions. Cependant, en 1661, un arrêt du Parlement de Paris défendit aux maîtres d'école de placer plus de trois lignes d'écriture dans les exemples qu'ils donneraient à leurs élèves.

Le maître écrivain, s'il avait quelque aptitude pour le plain-chant, sollicitait lui-même la tenue des petites écoles, qui lui assurait des gages fixes et les avantages matériels attachés à l'emploi. Dans cette catégorie de magisters, il s'en trouva assez fréquemment qui, ayant fait des études, pouvaient donner des leçons d'arithmétique, d'orthographe, de géométrie et même de latin. C'est ce que pratiquait Nicolas Arlou, maître des écoles de la paroisse Saint-Christophe de Meaux, mort en 1724, latiniste et surtout habile calligraphe, qui a laissé de jolis manuscrits sur parchemin (1).

Qu'on ne se fasse donc pas d'illusion sur ce point : la capacité des maîtres d'école de 1800, par exemple, ne dépassait pas celle des magisters-recteurs des petites écoles de 1700; leur valeur était même, en général, inférieure à celle des maîtres d'école du temps de Louis XV et de Louis XVI.

M. Maggiolo a dit avec raison, en parlant de ces derniers, qu'ils ne manquaient ni de vocation, ni d'aptitude, ni de dignité, et que les communautés d'habitants, d'une part, la bienfaisance privée, de l'autre, entretenaient alors un nombre considérable d'écoles où l'on acquérait convenablement les premières notions utiles. Les règlements, ajoute M. Maggiolo, avaient moins pour but de multiplier les connaissances que d'inculquer aux enfants de fortes habitudes religieuses, intellectuelles, sociales, et dans de telles conditions l'enseignement populaire était parvenu à préparer utilement cette génération vaillante, dont les cahiers du Tiers-Etat révèlent l'intelligence, le bon sens et le patriotisme (2).

Par malheur l'instruction primaire cessa en quelque sorte d'exister après 1792 (3), en dépit des efforts tentés par des esprits généreux.

L'un des premiers soins de la Convention avait été cependant

(1) Mémoires manuscrits de Rochard, t. VI, p. 629; Bibliothèque publique de Meaux.

(2) Communication faite à la réunion des Sociétés savantes à la Sorbonne, en avril 1881, sur les écoles dans les anciens diocèses de Châlons et de Verdun.

(3) A Melun, dès 1791, il n'y avait plus d'école publique que dans le quartier Saint-Aspais. (Mémoire présenté au directoire du département par les citoyens du quartier Saint-Ambroise : Melun, imprimerie Tarbé, 1791, in-4° de 12 pages).

pour l'instruction. La loi du 29 frimaire an II proclamait la liberté et la publicité de l'enseignement ; elle voulait que l'instruction au premier degré fût salariée par l'Etat et que les parents fussent punis s'ils négligeaient d'en faire profiter leurs enfants (1). Mais dès le 27 brumaire an III on s'aperçut qu'il fallait adoucir ces dispositions, difficilement applicables tout d'un coup, au milieu des événements qui se déroulaient.

Le conventionnel Lakanal, que son savoir et son dévouement à la cause de l'enseignement désignaient au choix de ses collègues, s'occupa de cette branche de l'administration ; il n'épargna ni ses démarches ni ses peines pour sauver les richesses scientifiques et littéraires provenant des châteaux d'émigrés et des couvents, pour prévenir les actes de vandalisme, pour organiser les écoles aux divers degrés. En mission dans Seine-et-Marne, il songea un instant à créer une école rurale et un jardin botanique dans l'ancienne abbaye du Lys, mais cette création ne put se réaliser (2). Pour faire revivre les petits établissements scolaires, il provoqua des lois, multiplia les circulaires aux administrateurs des districts : sa correspondance particulière sur ce point fut des plus actives. Le 4 floréal an III, dans un arrêté signé à Fontainebleau, Lakanal nous apprend que 165 communes du district de Meaux n'ont que 87 écoles primaires, et que, dans ce nombre restreint, 47 ne satisfont pas aux exigences de la loi du 27 brumaire. Ces classes étaient tenues par d'anciens précepteurs et clercs paroissiaux, sur lesquels les administrateurs du district portent le jugement suivant : « Beaucoup de bonne volonté, mais ce n'est pas assez, il faut des connaissances et ils n'ont que la routine... Pour que des citoyens éclairés puissent se livrer uniquement à cette étude, dans les campagnes, et y trouver un moyen de subsistance, les émoluments sont tout-à-fait insuffisants. »

Le 23 floréal, se rendant mieux compte de l'œuvre entreprise et voulant multiplier les écoles, Lakanal réduit la somme de connaissances à exiger des maîtres et s'efforce de faire payer plus exactement leur salaire. Le programme n'est pas chargé ; il

(1) Le projet de loi portait d'abord : les pères, mères, tuteurs et curateurs *pourront* envoyer leurs enfants ou pupilles aux écoles du 1er degré d'instruction. » Le député Charlier, soutenu énergiquement par Danton, avait fait substituer aux mots : *pourront envoyer*, ces mots : *seront tenus d'envoyer*. « Il est temps, disait Danton, de rétablir ce grand principe qu'on semble méconnaître, que les enfants appartiennent à la République avant d'appartenir à leurs parents. »

(2) Archives de Seine-et-Marne. — Registre du district de Melun, nivôse an III.

suffit de connaître la lecture, l'écriture, les premiers principes du calcul, *pour les citoyens* ; la lecture, l'écriture et quelques travaux manuels, utiles et communs, *pour les citoyennes*. Mais le concours des administrations locales semble toujours lui échapper : « Vous partagez, leur écrit-il (1), la responsabilité qui pèse sur ma tête, responsabilité que je n'atténuerais pas si j'échouais dans mon entreprise... »

Le représentant du peuple fait imprimer à Melun et répand de tous côtés le règlement adopté par le Comité d'instruction publique pour la police intérieure des écoles. Ce règlement, en six articles laconiques, porte que les classes seront ouvertes une fois par jour dans les communes de moins de 1.000 habitants et deux fois dans les autres communes ; que les écoles de campagne vaqueront pendant la fenaison, la moisson et les vendanges. L'article 5 est ainsi conçu : « Toute punition corporelle est bannie des écoles primaires. » C'était une innovation (2) et, d'après une note imprimée au pied du réglement, c'était même la mesure la plus difficile à généraliser.

Un jury d'instruction est organisé dans Seine-et-Marne, puis des jurys de districts, dans lesquels Lakanal trouve quelquefois d'éminents collaborateurs : Fontaine de Cramayel, le dessinateur Marillier et le savant Laplace font partie du jury d'instruction fonctionnant à Melun en frimaire an II.

En même temps le vaillant député concourt à la création au château de Fontainebleau d'une école centrale qui eut une courte, mais brillante existence ; il essaie de recruter de meilleurs instituteurs et d'assurer à tous un traitement de 500 francs.

Tant de zèle, mal secondé, restait à peu près impuissant. Beaucoup d'anciens établissements avaient disparu, par suite de la dispersion des congréganistes et de la suppression des fondations seigneuriales. Quelques prêtres, en petit nombre, s'étaient fait instituteurs (3) ; mais leurs écoles se fermaient à mesure que la marche des événements s'accentuait davantage.

(1) Recherches sur l'Histoire de la Révolution de la Brie ; Meaux, 1876, in-18.

(2) Ce progrès, Montaigne l'appelait déjà de son temps, pour les collèges « vraie geaule de jeunesse captive, » où les maîtres n'éveillaient l'appétit envers leurs livres et leur leçon « qu'avec une trongne effroyable et les mains armées de fouets. »

(3) Un séminariste de 23 ans, que la révolution réduisait à la misère, se fit instituteur à Meaux pour vivre pendant quelque temps. En 1795, il fut ordonné prêtre à Paris, secrètement : c'est M. Jacques Bernet, qui a été archevêque d'Aix et est mort cardinal en 1846.

Le jury d'instruction publique du district de Meaux écrit alors : « L'instruction est donnée par d'anciens maîtres d'école, et peut-être serait-il difficile de les remplacer, malgré leur insuffisance. Ils ont en général des notions d'écriture, d'arithmétique et de lecture, quelques-uns même d'arpentage. Nous ne nous dissimulerons pas qu'il paraît difficile qu'ils forment subitement leurs élèves aux principes de morale républicaine ; eux-mêmes ont besoin de leçons à cet égard et il n'appartient qu'au temps d'opérer le changement si nécessaire dans le régime des petites écoles. Ce sera beaucoup d'obtenir d'eux, quant à présent, de ne pas conduire les élèves aux cérémonies religieuses et de puiser leurs leçons de lecture ailleurs que dans les catéchismes et psautiers. »

On sent ici l'esprit de modération qui distingua de tout temps les populations briardes.

Les habitants des campagnes se souciaient peu des questions d'instruction qu'ils comprenaient mal. La direction des affaires communales était souvent tombée aux mains des moins lettrés, et les circulaires de la commission que représentait Lakanal prouvent assez l'indifférence des municipalités à cet égard. Les sociétés populaires étaient là, il est vrai, pour exciter le zèle et donner le ton ; mais la jactance y tenait plus de place que le savoir et le travail utile. On apprenait surtout aux enfants, sous l'ancien régime, le catéchisme du diocèse ; cet enseignement fut remplacé par celui d'un autre catéchisme, le catéchisme républicain, philosophique et moral de La Chabaussière, qui devait suffire à tout.

Les abus faisaient place à d'autres abus, et malheureusement à une ignorance plus complète.

L'arrêté du département sur les fêtes décadaires nous a laissé un souvenir du nouveau mode d'éducation un instant adopté. Au milieu de démonstrations patriotiques sur la place publique, entre la lecture des lois, le chant des hymnes et l'audition des morceaux de musique, le président interrogeait les élèves sur les articles de la Constitution, que l'instituteur leur avait lus chaque jour.

Ainsi voyons-nous, à Vaux-le-Pénil, l'instituteur national — comme on l'appelait — inviter les enfants à assister aux fêtes décadaires, « en leur recommandant d'être dociles, afin de leur inspirer le principe du républicanisme. » Il devait « apprendre par cœur les Droits de l'homme à ceux qui ont des dispositions et leur distribuer copie des chants patriotiques (1). »

(1) Archives de Seine-et-Marne ; L. 239, p. 56.

Les enfants n'eurent-ils pas également leur place dans les sociétés populaires ? Ils y recevaient des récompenses, entraient dans le cortège et récitaient même des discours politiques dont on leur chargeait la mémoire. Le procès-verbal d'une séance tenue par le club jacobin de Fontainebleau le 1er brumaire an II, constate que le « neveu de Lecomte, âgé de cinq ans, a prononcé un discours (1) » ; dans sa péroraison, le précoce sans-culotte regrettait que la faiblesse de son âge ne lui permît pas de *rosser* les aristocrates comme il le désirait. Le 15 frimaire, c'est le maître de pension Lacorrège qui amène des élèves à cette assemblée des jacobins de Fontainebleau ; l'un d'eux monte à la tribune, pour lire la déclaration suivante : « Citoyen président, les élèves de la pension du citoyen Lacorrège, voulant participer à l'équipement du cavalier que la Société populaire se propose de fournir, m'ont député vers toi pour déposer sur le bureau un assignat de cent sols, fruit de leurs épargnes. Ils t'annoncent aussi qu'au lieu de fêter la Saint-Nicolas, ils fêtent celle de la Raison. Vive la République ! (2). »

A la société populaire de Moret, le maître Denis conduit ses élèves qui récitent la déclaration des Droits de l'homme ; l'un d'eux, un enfant de huit ans, s'acquitte si bien de cet exercice de mémoire que l'assemblée lui décerne « pour prix de son civisme naissant, un exemplaire enjolivé des Droits de l'homme. » (Séance du 10 nivôse an II).

Lanthenas, dans une brochure publiée en 1792, considère les clubs révolutionnaires comme une branche essentielle de l'instruction publique. De même, Sergent, conventionnel en mission, qui assistait le 16 octobre 1794 à une séance de la société populaire de Brie-comte-Robert, recommande aux maîtres et aux parents d'envoyer leurs enfants à ces réunions : « Les sociétés populaires, dit-il, sont de véritables écoles ; c'est dans l'asile du patriotisme plutôt que dans les livres, qu'ils puiseront les bons principes, apprendront à devenir vertueux citoyens et à bien servir la patrie. »

Dans cette ville de Brie, les classes s'ouvraient et finissaient par le chant d'une strophe empruntée à l'*Invocation à l'Être suprême*, composée par le conventionnel Maure et dont la Société populaire avait adressé copie aux maîtres et aux maîtresses d'école.

(1) Ch. Constant. — *Un Club jacobin en province* ; 1875, in-18 ; p. 66.

(2) Cette pièce manuscrite existe aux archives municipales de Fontainebleau. — Ch. Constant, *Histoire d'un Club jacobin*, p. 67.

On conçoit que, dans de telles conditions et abandonnées à un personnel aussi incertain qu'insuffisant, les écoles restées ouvertes comptaient pour peu.

Heureux encore les maîtres d'école que le fanatisme politique n'entraîna pas au-delà des fêtes révolutionnaires. Quelques-uns ont payé de leur liberté et même de leur vie, comme Prunelle, de Meilleray, et Jean Aubry, de Coulommiers (1), le regret de voir disparaître les seigneurs et les fabriques qui assuraient le payement de leurs gages.

Par contre, il est juste de dire que d'autres maîtres d'école se portèrent du côté des terroristes. Dans cette même ville de Coulommiers, qui fournit Aubry à l'échafaud révolutionnaire, son collègue Leduc, devenu officier municipal, s'employa à la mutilation des édifices, sous prétexte d'enlever les signes de féodalité, et finit par envoyer à la mort le curé Lebas, soumis pourtant aux exigences du serment constitutionnel, mais avec lequel il avait eu des démêlés à une époque antérieure (2).

L'obligation du serment civique ne fut pas seulement imposée aux prêtres, elle s'étendit aux agrégés et en général à tous les individus en fonction dans les établissements d'instruction publique ; les vides créés dans ces établissements ne pouvaient plus se combler et les tracasseries du directoire rendirent le recrutement d'autant plus difficile que la situation matérielle des instituteurs n'était pas tolérable. Le salaire d'autrefois n'existait plus, les nouveaux gages fixes étaient mal payés, les élèves faisaient défaut et avec eux la rétribution.

Les guerres du Consulat et de l'Empire devaient encore prolonger cette crise pendant longtemps. Où les écoles n'étaient pas fermées, l'enseignement restait nul ou peu s'en faut ; tel maître improvisé, à la fois secrétaire de mairie, épicier, tisserand, sabotier, barbier ou ménétrier (3), quelquefois un ancien militaire blessé,

(1) Aubry, dit Dulac, était clerc tonsuré et maître de latin ; il avait embrassé les idées nouvelles et été choisi pour sergent-major de la garde nationale. Dénoncé pour des propos royalistes qu'il aurait tenus au corps de garde, il a péri sur l'échafaud révolutionnaire en 1793.

(2) Anatole Dauvergne ; *Esquisse historique et archéologique sur Coulommiers* ; 1863, in-8°, p. 27.

(3) En 1836, à Bransles, l'instituteur était encore ménétrier et faisait danser la jeunesse du village. On ferma d'abord les yeux, mais le violoniste fréquentait le cabaret, et un beau jour il y chanta des couplets désobligeants pour le maire et le curé ; l'incompatibilité des deux professions fut déclarée le 4 juillet 1836 et le gai compagnon se vit destituer.

eût été fort empêché d'enseigner à ses élèves autre chose que la lecture et l'écriture sans orthographe (1).

Le 2 fructidor an II (9 août 1794) les administrateurs du district de Melun avaient envoyé dans les communes un questionnaire relatif à l'instruction primaire ; voici les réponses pour la ville de Brie-Comte-Robert, chef-lieu de canton :

« — Combien avez-vous d'instituteurs ou institutrices ?

— Un seul, depuis la démission du citoyen Adam, etc.

— Sont-ils instruits, ont-ils les talents qu'exigent leurs fonctions ? — Il sait lire, écrire et les quatre premières règles de l'arithmétique.

— Quel est le nombre des élèves ? — Environ 83 sur au moins 300 enfants.

— Les père et mère, tuteurs et curateurs, sont-ils exacts à envoyer les enfants, etc. ? — N'ayant qu'un seul instituteur, il est impossible qu'il puisse recevoir et contenir au moins 300 enfants.

— Avez-vous sévi contre ceux qui négligent de remplir ce devoir ? — Par la raison ci-dessus, la municipalité n'est pas dans ce cas.

— En quoi consiste l'instruction ? — Les droits de l'homme, la constitution, le catéchisme républicain, le recueil des actions héroïques ; il n'y a pas encore de principes élémentaires pour le calcul décimal.

— Eprouvez-vous des difficultés pour vous procurer des instituteurs ; quelles sont-elles ? — Oui ; le défaut de capacité. »

Un autre fait regrettable qui s'est produit à cette époque montre combien étaient méconnus les bienfaits de l'instruction populaire. Le directoire, à bout de ressources (loi du 28 ventôse an IV), comprit dans les biens nationaux à vendre les maisons d'école, — appartenant aux fabriques le plus souvent et considérées dès lors comme biens ecclésiastiques. Dans Seine-et-Marne 210 maisons d'école ont été ainsi aliénées. De peu de valeur et mal appropriés à leur destination (2), ces bâtiments doivent inspirer peu de regrets

(1) En l'an III, Chevance, instituteur d'Isles-lès-Villenoy, réclame le payement de son traitement à l'un des administrateurs du district de Meaux et termine ainsi sa lettre, très-bien calligraphée, du reste : « Tu voudra bien sur le chaut m'othoriser à me faire délivrer mandat ... puisque mon traitement ne s'élève pas à la somme porté en la dite article (l'article 2 de la loi du 4 ventôse). » (Archives de Seine-et-Marne ; L. 219).

(2) Les conditions d'hygiène inquiétaient peu nos pères. Avant 1831, à Mareuil-lès-Meaux, l'école était tenue dans une ancienne sacristie de l'église, qui avait été

lorsqu'on voit nos maisons d'école modernes (1), mais la privation d'un local a retardé la réouverture des classes communes pendant une longue période, dans beaucoup de localités (2).

On n'avait pas tardé à s'apercevoir de la faute commise, et ce fut un député de Seine-et-Marne, Bailly de Juilly, que la commission d'instruction publique chargea de présenter au Conseil des Cinq-Cents un rapport proposant de surseoir à la vente des édifices destinés à l'enseignement. Bailly s'acquitta de sa mission dans la séance du 17 fructidor an IV, la résolution fut imprimée et transmise d'urgence au Conseil des Anciens par un messager d'Etat. Pour notre pays, il était trop tard. Les municipalités avaient assisté avec indifférence à la vente de leurs maisons d'écoles.

Une loi du 3 brumaire an IV, portant organisation de l'instruction publique, venait de prescrire l'établissement d'une ou plusieurs écoles primaires dans chaque canton ; elle créait des jurys d'examen pour les candidats instituteurs, et les maîtres devaient être nommés par les administrateurs de département, sur la présentation des municipalités. Leur traitement se composait de la rétribution des élèves, au taux fixé par l'administration départementale; le conseil municipal avait la faculté d'exempter de cette rétribution un quart des élèves, pour cause d'indigence.

On était déjà loin, comme on voit, de la gratuité décidée en l'an II.

La Convention se préoccupait de l'instruction des filles, de tout temps fort délaissée; par une autre loi du même jour (3 brumaire) elle prescrivit la division de chaque école en deux sections, l'une pour les garçons, dirigée par un instituteur, l'autre pour les filles avec une institutrice.

abandonnée à cause de son humidité ! (Julien Dujay; *Statistique de Mareuil;* Meaux, Dubois, 1834, in-8°, p. 12).

(1) Il existe dans les archives du département de l'Aube un plan dressé au XVIIIe siècle pour la construction d'une maison d'école ; on y prévoit, outre la salle de classe, une seule chambre, un four, une écurie, une étable à porcs, poulailler, etc. (C. 1284).

(2) Une proclamation du district de Nemours, contre le fanatisme (frim. an III), nous apprend que quelques églises abandonnées servaient soit de magasins de subsistances, soit de fabriques de salpêtre, soit de maisons d'instruction « nécessaires à la régénération des mœurs et de l'esprit public. »

Les registres du même district constatent, à la date du 5 thermidor an III, qu'encore bien que les prêtres des 96 communes de la circonscription aient abdiqué ou discontinué leurs fonctions, les habitants des campagnes ne persistaient pas moins « à se réunir dans les ci-devant églises paroissiales, aux jours indiqués par le culte catholique, pour y chanter l'office. »

Les législateurs cherchaient à devenir plus pratiques, malheureusement les difficultés d'exécution n'étaient pas aplanies. Dans sa séance du 8 floréal an VI l'administration centrale de Seine-et-Marne se plaint encore du défaut de concours des municipalités, de la rareté des maîtres et des choix regrettables que font les communes qui ne laissent pas l'école absolument de côté. « Des instituteurs trop faibles pour résister aux sollicitations du fanatisme ou fanatiques eux-mêmes ont sacrifié à leurs préjugés l'instruction républicaine qu'ils doivent à leurs élèves ; d'autres, plus éclairés et plus courageux, sont victimes de leur attachement à leurs devoirs et se voient dépouillés de leur état par des rivaux indignes de la confiance publique ; d'autres encore allèguent le manque de livres républicains, pour justifier l'usage qu'ils ont conservé d'apprendre à lire dans les livres de l'ancien régime. » Ainsi s'expriment les membres de l'Administration départementale, en adressant une mise en demeure aux municipalités et en leur distribuant 800 exemplaires de l'*Alphabet national* et 800 exemplaires du *Catéchisme de la Constitution ;* ils annoncent le prochain envoi d'autres livres élémentaires, tels que les *Conseils d'un père à son fils,* le *Catéchisme républicain,* la *Morale de l'enfance* (1).

Aucun ouvrage contenant les principes ou les maximes d'un culte quelconque n'était toléré, et l'on avait interdit aux maîtres de prendre une part active aux cérémonies de l'église (2). Mais les villageois n'admettaient pas partout l'application de ces mesures. A Esbly, en l'an VI, les habitants maltraitèrent l'instituteur Geligné, pour avoir refusé de sonner la cloche et de chanter au lutrin ; ils le remplacèrent par un nommé Vilquin, qui se fit chantre et clerc paroissial, fut suspendu par l'administration supérieure et ne resta pas moins à son poste, soutenu par la population tout entière du village (3).

Quelques ecclésiastiques se hasardent à donner eux-mêmes des leçons aux enfants. Le président de l'administration cantonale de Tournan signale ce fait qu'à la Madeleine un laïc fait à la fois fonction de ministre du culte et d'instituteur public, tandis qu'à

(1) L'énumération des livres élémentaires en usage se trouve dans un rapport présenté par Lakanal à la Convention le 14 brumaire an IV.

(2) Délibération de l'administration centrale du département de Seine-et-Marne, imprimée à Melun, Michelin, 8 p. in-4°.

(3) Archives de Seine-et-Marne ; L. 227.

Tournan l'instituteur se mêle aux cérémonies de l'église. « Si l'on n'y met bon ordre, écrit-il (an VI), les instituteurs républicains élus, reçus par le jury, vont se trouver sans écoliers, car les fanatiques les envoient où l'on apprend le catéchisme religieux ; ils n'auront plus que les indigents et quelques enfants de vrais patriotes, dont le nombre n'est pas grand, malheureusement. »

Les administrateurs du département lancent de nouvelles circulaires et rendent compte de leurs efforts au ministre Letourneux, qui s'empresse de les féliciter : « C'est avec raison que vous avez interdit aux instituteurs primaires nommés en vertu de la loi du 3 brumaire an IV, de prendre part aux cérémonies d'un culte quelconque ; vous pouvez également interdire l'enseignement aux ministres du culte catholique qui exercent des fonctions religieuses ou les obliger à opter. La tolérance qui fait la base des lois républicaines ne permet pas que l'éducation de la jeunesse soit confiée aux ministres d'un culte exclusif. »

Ce qui nuisait à la cause de l'éducation populaire, c'était la nomination de maîtres peu recommandables, admis uniquement sur leur prétendu civisme et qui devenaient promptement suspects aux populations.

Barbé-Marbois déclarait au Conseil des Anciens, en mars 1796, que l'enseignement et l'instruction ne faisaient que rétrograder et que le nombre des enfants sachant écrire et compter n'était pas égal à la moitié de ce qu'il avait été autrefois. Un peu plus tard, Benezech, dans un rapport au directoire exécutif, ne cache pas davantage la gravité du dépérissement de l'enseignement populaire ; il demande qu'on vienne au secours des instituteurs et avoue que, depuis près de six ans, « il n'existe plus d'instruction publique (1). »

C'est ce que répète encore Fourcroy, devenu directeur général de l'instruction publique, lorsqu'il déclare dans un rapport que les communes, en général, n'ont pu payer les maîtres et qu'il n'y a pas eu d'écoles...

La loi du 11 floréal an X, inspirée déjà de l'esprit césarien, remit aux préfets et aux sous-préfets le soin d'organiser les écoles, avec le concours des communes. Celles-ci eurent le choix des maîtres et la fixation du taux de la rétribution scolaire. Le 19 fructidor de la même année, un arrêté du préfet de Seine-et-Marne régla les

(1) Archives nationales ; F. 17, 1140.

détails d'application de la loi nouvelle. Non seulement l'instituteur pouvait devenir secrétaire de mairie, mais il devait être préféré à tout autre pour cette fonction, si le conseil municipal jugeait que le cumul ne compromettait ni l'un ni l'autre des deux services (1).

Immédiatement le conseil municipal de Vaux-le-Pénil révoque Etienne Vincent, reçu en l'an II sur un certificat de civisme et depuis longtemps reconnu « trop faible en science d'écriture et de lecture, incapable d'enseigner aux élèves ni d'aider le conseil comme secrétaire, n'écrivant qu'en moyens caractères, ne lisant qu'avec peine, ne pouvant rédiger procès-verbaux, délibérations ni pétitions, et connaissant au plus moitié de l'orthographe de sa langue. » On lui donne pour successeur P.-J.-B. Jourdain ; le nouveau maître subit le 12 pluviôse an XI un examen devant un jury composé de MM. de Rozière et Despatys, auxquels « il a paru bien lire, écrire et orthographier, bien calculer suivant l'ancien système, passablement suivant le système décimal, et être passablement instruit des matières républicaines. »

Ces modifications successives, cette réglementation hésitante, n'étaient pas faites pour attirer de bons maîtres, pour exciter leur émulation. On lisait alors dans la *Feuille hebdomadaire du département de Seine-et-Marne*, — seul journal local du temps, publié à Melun par Lefèvre-Compigny, — des avis dans ce genre :

— « La ville de Moret manque d'un instituteur pour l'école primaire. Le maire désire en trouver un capable d'enseigner à bien lire, écrire, l'arithmétique et les premiers éléments de la grammaire et de la géographie. Outre la rétribution ordinaire payée tous les mois par les pères et mères pour leurs enfants, la ville lui payera 200 francs annuellement et le logera gratuitement. Cet instituteur peut compter sur 80 à 100 écoliers (2). »

— « Les maires des communes de Rebais et de Saint-Léger, réunies pour une seule école primaire, procèderont le 27 de ce mois, avec leurs conseils respectifs, à la nomination de candidats pour la place d'instituteur primaire de ladite ville. M. le curé de Rebais se propose de nommer le sujet élu pour son clerc paroissial (3). »

— « Les habitants de la commune de Perthes désireraient trouver un bon instituteur pour remplacer le sieur Targat, décédé après

(1) Cet arrêté a été imprimé. Melun, Michelin, in-4° de 7 p.
(2) *Feuille hebdomadaire* du 16 nivôse an XIII.
(3) *Feuille hebdomadaire* du 4 août 1805.

avoir occupé cette place pendant quarante ans; elle est très-avantageuse. Il y a un très-beau logement et habituellement plus de cent élèves (1). »

L'Empire voulut néanmoins innover encore. Le droit d'instituer les instituteurs fut réservé exclusivement au grand-maître de l'Université; les conseils municipaux n'eurent plus à faire que des présentations. Le grand-maître adressa même des instructions pour la fermeture des écoles dont les chefs ne justifieraient pas d'une autorisation quelconque d'enseigner, émanée de l'Université impériale. Ce n'était rien moins, pour Seine-et-Marne et assurément pour la plupart des départements, que la fermeture de huit écoles sur dix; M. de Plancy, préfet, en fit l'observation au ministre. Il fallut encore sur ce point consentir à des concessions nécessaires. Un arrêté du grand-maître, du 13 décembre 1808, tint lieu d'autorisation provisoire à tous les maîtres en exercice au 1er janvier 1809, pourvu qu'ils eussent exercé constamment dans la commune où ils se trouvaient alors et qu'aucune révocation particulière ne les eût frappés.

La situation était si pauvre qu'on laissa simplement subsister ce qui existait.

Prenons pour exemple un état des écoles de l'arrondissement de Fontainebleau, dressé au 1er juin 1813. En regard de cinquante communes, on lit : « Pas d'école. » Et ce ne sont pas les plus petites localités : Barbey, Bois-le-Roi, Cannes, Champagne, Diant, Episy, La Celle, Montigny-sur-Loing, Saint-Pierre-lès-Nemours, Varennes, etc. Pour celles qui avaient un maître, chaque nom est suivi de cette indication : « Sans diplôme ni autorisation. » A Bransles, Chenou, Amponville, Guercheville, Fromonville, Chevrainvilliers, La Brosse-Montceaux, Mondreville, Rumont, Salins, Samoreau, Vernou, etc., l'école « vaque six mois. » Dans la colonne ouverte pour indiquer le chiffre total de la rétribution scolaire, du traitement accordé par la commune, y compris l'indemnité de logement (car les maisons d'école étaient rares), la somme varie entre 150 et 400 fr. A Thomery et à Moret, pourtant, elle s'élève à 900 fr.; à Fontainebleau 1.000 fr., et à Montereau jusqu'à 1.500 fr.

En 1811, malgré cette triste situation et au lieu d'encourager le petit nombre de maîtres capables, d'exciter leur zèle à former de

(1) *Feuille hebdomadaire* du 20 août 1808.

meilleurs élèves, on leur avait encore défendu, — comme aux siècles précédents, — de porter leur enseignement au-delà des limites assignées : lire, écrire et chiffrer. Il fallait toujours sauvegarder le privilège des collèges et des lycées.

A cette époque, quelques milliers de francs inscrits au budget de l'Etat paraissent suffisants pour l'instruction primaire. La gloire militaire absorbait tout ; Napoléon Ier avait besoin de soldats nombreux et braves, peu importait qu'ils fussent illettrés.

Comme l'enseignement populaire, l'enseignement supérieur était négligé, l'empereur n'y voyant qu'un foyer d'idéologues. L'instruction secondaire avait ses préférences, parce qu'il y puisait des officiers et des ingénieurs ; c'est là aussi qu'il trouvera des administrateurs pour imposer sa politique, des versificateurs qui chanteront ses louanges. Pendant une certaine période, les écoles secondaires avaient elles-mêmes rétrogradé ; mais elles profitèrent du désarroi prolongé des petites écoles et de la suppression de la gratuité. Le collège de Melun, depuis longtemps fermé, rouvrit ses portes ; Provins, après avoir tenté d'obtenir l'école centrale du département, avait reconstitué son collège sous le titre d'institut, avec exercices publics et distributions de prix. Enfin, les pensionnats deviennent plus nombreux. Citons, pour les jeunes gens, ceux de Nompère, de Gaussoin, d'Hébert, à Fontainebleau ; celui de Lecourt, à Lagny; ceux de Pihet et de V. Raoult, à Meaux ; celui de Gauthier, à Nemours, cédé ensuite à Abel ; celui de Pascal, à Rozoy. Montereau avait aussi son école secondaire, dont on trouve le palmarès imprimé pour l'année 1808.

De petits pensionnats sont même établis dans des bourgs et de simples villages : à Jouarre, par Mme Tapray, pour les jeunes filles ; à Doue, par le général d'Harville, qui recueille dans son château et fait instruire une quinzaine d'orphelins, fils de défenseurs de la patrie ; à Saint-Germain-Laval, par Mme de Goërmans ; à Voisins, commune de Mouroux, par les époux Boniface.

La plupart de ces établissements ne se soutinrent pas. D'autres se formèrent qui n'eurent encore qu'une existence éphémère, comme la pension de jeunes filles ouverte au Mée par M. Badelet, desservant ; celle de Mme François, élève d'Isabey, créée à Provins en 1808 ; la succursale des demoiselles de la Légion d'honneur, à Barbeaux ; le collège de Chelles, installé en 1816 par le vicaire Cholet ; les maisons d'éducation de Couilly, de Faremoutiers, de Ponthierry, de Maupertuis, etc.

Ce fut seulement sous la Restauration (ordonnance du 19 mai 1816, art. 10) qu'on obligea les aspirants instituteurs à subir un examen devant un délégué du recteur, et qu'on délivra des brevets de capacité. Il est vrai que les congréganistes avaient reparu et qu'on n'exigeait d'eux, pour toute garantie de capacité, qu'une lettre d'obédience délivrée par leurs supérieurs.

Dans ces conditions nouvelles, on vit renaître les libéralités d'autrefois. Mme de Montagu fonde une école de filles à Fontenay, dans les dépendances de son château; la commune de Thoury-Ferrottes recueille un legs de 400 francs de rente pour l'instruction gratuite des enfants; à Grèz, la comtesse Jollivet (veuve d'un conventionnel), laisse 300 francs par an à l'instituteur (1); à Liverdy, Mme Godet de Marson donne une rente de 100 francs pour instruire douze enfants pauvres; à Nangis, M. le comte L. Greffulhe, pair de France, fonde une école d'enseignement mutuel (1817), et Mme veuve Prêtre laisse à son tour 50.000 francs de rente (2) pour créer une autre classe, où seront admis gratuitement les écoliers de Nangis et de Fontaine. Dans la suite, ces deux dernières fondations ont été réunies de façon à assurer un meilleur fonctionnement des deux écoles gratuites ouvertes à Nangis pour les enfants des deux sexes (3).

A Nemours venait d'être établie une école d'enseignement mutuel pour les jeunes filles, aux frais de la ville et sous les auspices de M. le comte Germain, préfet (1818).

Vers le même temps, un ancien magistrat melunais, Nicolas-Michel Foix, s'est fait le bienfaiteur du bourg de Chaumes, où il était né. Par son testament du 2 janvier 1821, il a affecté une part de sa succession à la création de bourses pour des enfants de Chaumes, d'Argentières ou de Beauvoir; à la rémunération d'un vicaire chargé d'enseigner la grammaire, la syntaxe et le latin pendant quatre ans à huit garçons de Chaumes, et au payement du maître d'école qui apprendra à ces huit enfants l'écriture et le calcul.

Alors aussi M. de Cosnac, évêque de Meaux, fut autorisé par ordonnance royale de 1822 à établir à Avon, dans un hôpital supprimé, fondé autrefois par Anne d'Autriche, un petit séminaire qui devait

(1) Testament du 11 octobre 1815. L'autorisation d'accepter le legs est seulement du 17 mars 1821.

(2) Testament; codicile du 17 mai 1824.

(3) Délibération municipale de Nangis, du 31 mars 1831.

disparaître 26 ans plus tard et renaître en ces derniers temps ; en 1824 le prélat songea à organiser un noviciat d'instituteurs (1) dans les bâtiments de l'ancienne abbaye de Chaâge, à Meaux, mais ce projet n'eut pas de suite.

Quatre ans après, la famille de Mun construisait à Lumigny une école tenue par des religieuses, auxquelles un revenu de 800 francs était assuré.

Nous ne pouvons énumérer tous les bienfaits particuliers recueillis sous la Restauration par les écoles de village ; à la vérité, si les écoles devenaient plus nombreuses qu'au temps de l'empire, leur valeur ne laissait guère moins à désirer. Le 21 décembre 1820 le gouvernement avait pourtant créé, pour la première fois, un ministère de l'instruction publique, et dix-huit mois plus tard le ministre prenait le titre de grand-maître de l'Université.

Comme le rappelait dernièrement à la tribune M. Lenient, député de Provins, les ordonnances de 1816 et de 1828 avaient eu le tort de subordonner l'influence des recteurs et des préfets à celle du clergé ; mais « au lendemain de 1830, un souffle libéral vint ranimer cette grande et patriote question de l'enseignement primaire, qui avait été étouffée et oubliée sous les fanfares militaires de l'Empire et les cantiques de la Restauration » (2).

Quand intervint la loi du 28 juin 1833, ce fut une véritable régénération. Cette loi, que Victor Cousin appelle la charte de l'instruction primaire, obligea les communes à entretenir des classes élémentaires et exerça partout la plus heureuse influence sur les progrès de l'instruction populaire. Chez nous, en particulier, elle donna naissance à l'école normale d'instituteurs de Melun, qui, ouverte dès 1833, porta bientôt ses fruits, en permettant de recruter des maîtres plus capables et en nombre suffisant.

Le 2 juillet 1835, parut un règlement spécial applicable aux écoles primaires simultanées de l'arrondissement de Melun, où ce mode d'enseignement s'était répandu, comprenant : l'instruction morale et religieuse, en première ligne, la lecture, l'écriture, le calcul, les éléments de la langue française et le système légal des poids et mesures. Des notions de dessin linéaire, de géographie et d'histoire, enfin des leçons de géographie de la France, pouvaient être données aux élèves les plus avancés.

(1) Archives de Seine-et-Marne, I T. 1.
(2) Chambre des députés ; séance du 4 mars 1884.

A cette époque, sur 555 communes (réduites à 530 aujourd'hui), 486 avaient des classes ouvertes aux enfants, 49 communes étaient réunies à d'autres pour l'enseignement, et 20 seulement en manquaient encore. Le niveau des connaissances s'élevait graduellement ; il restait à traiter plus convenablement les maîtres, pour lesquels la rétribution des élèves n'offrait souvent qu'une ressource très-insuffisante.

En 1843 le Préfet, dans le rapport annuel qu'il adresse au Conseil général, déclare que l'école normale fournit des sujets plus aptes à la bonne tenue des classes ; « malheureusement, ajoute-t-il, il y a des circonstances qui s'opposent à ce que l'amélioration se généralise ; il y a surtout la difficulté qu'éprouvent les communes pauvres, — ce sont les plus nombreuses, — à remplacer les anciens instituteurs qui ont plus de zèle que de capacité et se contentent d'un traitement dont la modicité éloigne les aspirants plus capables. » Le préfet propose de faire nouveaux sacrifices sur le budget départemental pour élever à 300 fr. au minimum le traitement fixe des instituteurs (1).

En 1849, l'école normale avait fourni au département 239 maîtres, dont 169 étaient encore en exercice ; le directeur recevait un traitement de 2,800 fr. et les maîtres-adjoints (y compris ceux qui enseignaient le dessin et la musique) coûtaient annuellement 4,400 francs. On comptait alors dans Seine-et-Marne 500 écoles communales et 45 écoles privées, plus 43 écoles communales élémentaires et 43 écoles privées spéciales aux jeunes filles. Ces établissements recevaient 38,000 élèves.

En 1865, c'est 642 écoles publiques et 139 écoles libres qui fonctionnent, plus 81 salles d'asile, avec 56,377 élèves primaires, dont le tiers environ jouissait de la gratuité, au moyen de fondations spéciales ou de libéralités des communes.

En 1878, on est arrivé au chiffre de 874 écoles primaires, avec 49,639 enfants, en laissant à part 8,921 enfants qui fréquentent 121 salles d'asile. Le personnel enseignant ne s'élève pas à moins de 1,200 maîtres ou maîtresses, dont le traitement moyen est de 1,500 fr. pour un instituteur et de 1,045 fr. pour une institutrice (2).

(1) Délibérations du Conseil général de Seine-et-Marne ; Melun, Michelin, 1843, page 70.

(2) A la suite du décret du 19 avril 1862 il n'y eut plus de traitement inférieur à 700 francs.

Il convient de noter aussi que la somme inscrite au budget de l'Etat, en faveur de l'instruction primaire, qui était de quelques milliers de francs en 1811, se chiffre aujourd'hui par millions !

Si l'on a fait un grand pas, c'est donc seulement depuis une assez courte période, et notre époque peut à bon droit se féliciter du chemin parcouru. Le dernier mot n'est pas dit : le gouvernement actuel, le pays tout entier, ont compris que le progrès ne doit pas s'arrêter là (1). Selon la parole d'un ancien ministre de l'instruction publique : « Le premier peuple est celui qui a les meilleures écoles ; s'il ne l'est pas aujourd'hui, il le sera demain. »

Les pages qui précèdent sont spécialement consacrées à l'instruction primaire ; s'il y est question de l'enseignement à un degré plus élevé, ce n'est qu'incidemment, — le lecteur a pu le remarquer. Qu'il ne nous accuse pas d'oubli, pour n'avoir pas même mentionné certains collèges quand nous avons parlé longuement — trop longuement peut-être — des petites écoles. Ce n'est pas que l'enseignement secondaire ait fait défaut dans ce pays de Brie et Gâtinais, au temps passé; mais nous avons cru devoir simplement rester dans le cadre que nous nous étions tracé.

En ce qui touche les grandes écoles ou collèges, le sujet demande à être traité séparément.

Sans remonter jusqu'aux célèbres leçons de Robert de Melun, de Guillaume de Champeaux et d'Abailard dans la Brie ; sans parler de quelques-uns des professeurs d'humanités qui enseignaient dans les monastères au XIVe siècle et dont il serait facile de faire revivre le souvenir, n'avons-nous pas eu les collèges de Coulommiers, de Provins, de Melun à la renaissance ; celui de Meaux que l'évêque Séguier unit au séminaire avec la prébende préceptoriale en 1645-1647, pour avoir des maîtres capables d'instruire gratuitement la jeunesse depuis les premiers éléments jusqu'à la philosophie exclusivement ; le collège de Juilly, qui a brillé d'un vif éclat sous les noms d'académie royale et de lycée ; celui

(1) Partout maintenant l'école est gratuite. L'étude que nous publions était écrite en grande partie depuis deux ans quand la loi du 28 mars 1882 a rendu l'instruction primaire obligatoire pour les enfants des deux sexes, âgés de 6 ans à 13 ans révolus.

10

de Nemours, fondé sous Henri IV ; celui de Montereau qui avait en 1700 Couverché-Debalart pour principal ?

Au XVIIe siècle les écoles latines du cardinal de Bissy s'établissent ; un petit séminaire est institué dans les dépendances de l'abbaye de Chaumes par brevet du roi du 24 janvier 1744 ; une maison d'éducation dirigée à Rebais par les bénédictins devient collège royal militaire en 1776 ; enfin, après la révolution, trois écoles secondaires sont rétablies à Melun, à Meaux et à Provins par décrets de l'an XI et de l'an XII ; Fontainebleau eut l'école centrale du département, qui fit place à une école militaire supprimée en 1808 et répartie entre Saint-Germain-en-Laye et Saint-Cyr.

Tels sont les jalons qu'on rencontrera lorsqu'on voudra entreprendre l'historique de l'enseignement secondaire dans notre pays.

Le champ est assez vaste, des recherches peuvent le rendre curieux à parcourir : peut-être y reviendrons-nous une autre fois.

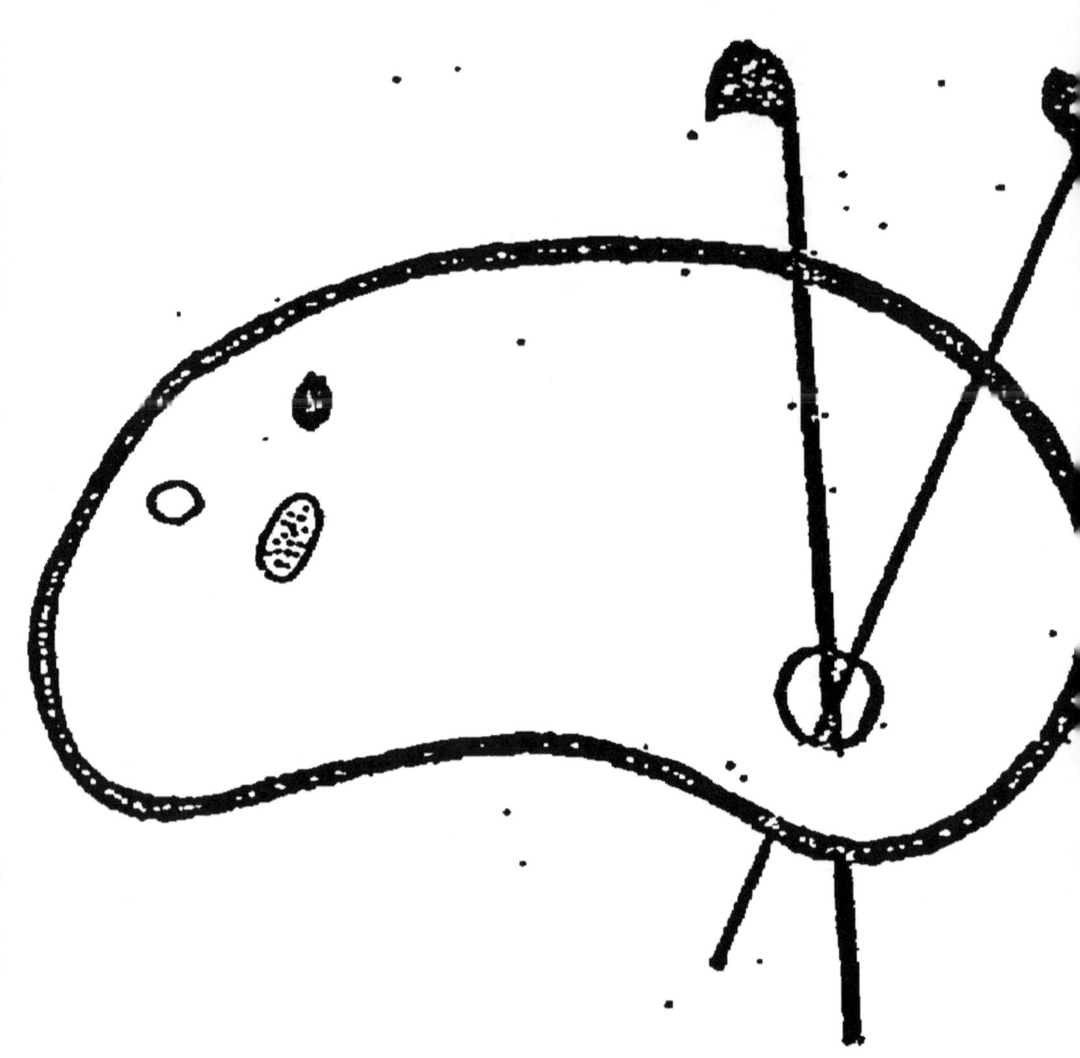

www.ingramcontent.com/pod-product-compliance
Lightning Source LLC
Chambersburg PA
CBHW051726090426
42738CB00010B/2114

* 9 7 8 2 0 1 2 6 2 1 8 2 4 *